Liebe Kolleginnen,
liebe Kollegen,

oft war in letzter Zeit vom »Fräuleinwunder« der deutschsprachigen Gegenwartsliteratur die Rede, von Pop- und Jungautoren, die vor allem damit befaßt sind, die eigene Person zu stilisieren. Die Schweizerin Simone Meier braucht solche Attitüden nicht: Sie hat einen Roman geschrieben, der von seiner Substanz lebt. »Mein Lieb, mein Lieb, mein Leben« erzählt von zwei Frauen, die, auf den ersten Blick, kaum unterschiedlicher sein könnten, und er tut dies auf staunenswerte Weise.
Lernen Sie die Journalistin Lou kennen und deren Großmutter Verena, die in den dreißiger Jahren aus der Enge ihres Dorfes ausbricht und eine erstaunliche Laufbahn als Model einschlägt. Ich bin mir sicher, daß sie diese beiden Frauen mit ihrer unbändigen Sehnsucht nach Glück und Anerkennung nicht vergessen werden – nicht zuletzt, weil Simone Meier ihrem Roman eine ganz eigene, souveräne Sprache gegeben hat.
Ich wünsche mir, daß Ihnen »Mein Lieb, mein Lieb, mein Leben« zu Herzen geht, daß sich Lou und Verena in ihren Köpfen festsetzen.

Herzliche Grüße

Rainer Moritz

Für Barbara Rettenmund
und Sibylle Berg

Am liebsten wär ich liebestot

»Wenn er sie jetzt nicht verläßt«, sagt Mutter und rollt braune Teigkugeln im Zucker, »dann liebt er dich zu wenig. So einfach ist das.«

Im Ofen knacken ein paar Zweige, die Vater vom Weihnachtsbaum gesägt hat, ich beuge mich über das Ofenloch, die Wangen werden heiß. Macht hoch die Tür, die Tor macht weit, ich kenne keine Seligkeit.

»Er hat aber gesagt ...«

»Was denn?«

»... daß er vor mir kein Leben gekannt hat.«

»Was willst du denn? Mehr wirst du von einem Mann nicht hören. Da kannst du doch beruhigt sterben.«

Oh ja, sterben! Meine Augen leuchten, als wär ich das Mädchen mit den Schwefelhölzern und sähe dieses zum Sterben schöne Kerzenlicht. Ein Märchen vom Tod und dem Mädchen. Am schönsten wär, mit einer gediegenen literarischen Geste zu sterben. Mit einem Abschiedsbrief. An Helena vielleicht, die auch einmal in Clemens verliebt war, ihn aber nie haben durfte. Oh ja, Helena quälen! Sterben und Helena quälen.

Liebste Helena

Bald wird nun dieses Jahr gegangen sein. Nein, ich beklage mich nicht. Höchstens darüber, daß ich noch immer nicht wieder ein Herz habe.
Du warst ja dabei, als es mir aus dem Leib gefahren ist, mein Herz. Es war in jener kalten weißen Nacht. Ein bißchen alter Schnee liegt in den Straßen, auf meinem kleinen Spiegel liegt ganz frischer, Du nimmst mich in die Arme, streichst mir über die Hüfte, fragst: »Ist Lou nicht das Wunderbarste auf der Welt?«
Ich denke, ja, das bin ich, und Clemens sagt: »Ja, das ist sie.« Und ich weiß, daß er am nächsten Tag zurückgeht zu etwas Unverständlichem, das blond und böse durch meine Träume geistert. Und daß ich keine Liebe kenne außer ihm. Mon Dieu, mon Dieu, redonne-moi l'amour de ma vie!
Kannst Du Dir vorstellen, wie ich ihn in all den Monaten geliebt habe? Wie es ist, sich mitten in der eigenen Stadt in ein schäbiges Hotel zu flüchten, weil das Begehren einen anfällt wie Asthma? Sich überall zu lieben, auch in der Etagendusche, vor Erschöpfung langsam zu sinken, bis die ersten Haarsträhnen vom Wasser in die Abflußrinne gezogen werden und er dich aufhebt, ins Zimmer trägt, und

dann liebt ihr euch immer weiter, mit blutverschmierten Gesichtern allmählich, weil seine Nasenschleimhaut vom Kokain zerfressen ist?
In den erträglichen meiner Träume trinke ich noch immer dieses Blut und kaue ein zähes Stückchen Fleisch. Mein Lieb, mein Lieb, mein Leben.
Manchmal sitz ich da und trinke etwas anderes, bis ich den Schmerz nicht mehr spüre, und wenn er trotzdem bleibt, schmettere ich die leeren Flaschen gegen die Wand, knie mich mitten in die Scherben und presse mir eine Zigarette so lange auf die Haut, bis das Fleisch zischend nachgibt.
Jetzt leg ich mich in frische Scherben und zerschneide mir mit einem scharfen Stück die Handgelenke. Dann wird sich ein schwarzer See um mich ausbreiten, der Mond wird Euch darin entgegenlächeln, und Ihr zwei Lieben streut weiße Lilien über meine Leiche. Bitte.

Lou

Wie schön. Weihnachten hat endlich begonnen, und ich glaub, ich bin tot!
Das muß ich aus lauter Erleichterung in die Küche gerufen haben, denn Mutter sagt: »Spinnst du? Jetzt aber schleunigst an die frische Luft mit dir! Geh in den Wald und hol mir Pflanzen für den Tischschmuck.«

Im Wald suche ich den Totenweiher meiner Kindheit, wo ich früher mit zwei Freundinnen spielte. Wir standen da in unseren roten und grünen Gummistiefeln, den verdreckten gelben Plastikjacken, und Monika, die Älteste von uns, sagte: »Also ich möchte als Leiche gern auf dem Wasser treiben, mit einer roten Wolke von Kleid und vielen Rosen.«
»Nein«, meinte ihre Schwester Barbara, »bei mir müßten ein paar Amethyste aus dem Wasser wachsen, ich hätte ein rosafarbenes Kleid und hellblaues Vergißmeinnicht in den Haaren.«
»Und ich«, sagte ich, »will den ganzen Weihergrund voller Bergkristall. Dann liege ich unter Wasser, mit einem langen, weißen Ballett-Tutu, trage meine Spitzenschuhe, und auf dem Wasser schwimmen weiße Lilien.«
»Weißt du, wie unbequem das ist, mit den Spitzenschuhen da unten zu liegen?« fragte Barbara.
Hier finde ich jetzt dunkles Efeu, dürre Blütenstände mit silbrigem Bast um die stacheligen Körbchen und Mistelzweige. Wäre noch Herbst, so fänden sich auch Herbstzeitlosen, Tollkirschen und Eibenbeeren. Aus ihnen kochte ich einen dicken Sud und setzte ihn meiner blonden Feindin vor. Auf daß sie sich krümme und ihr grimmiges Gesicht noch mehr verzerre, auf daß sie so schmerzvoll krepiere wie Schneewittchens Stiefmutter!

Aber es waren schon eiserne Pantoffeln über das Kohlenfeuer gestellt und wurden mit Zangen hereingetragen und vor die böse Königin hingestellt. Da mußte sie in die rotglühenden Schuhe treten und so lange tanzen, bis sie tot zur Erde fiel.

Zu Hause karrt Vater Brennholz aus dem Garten in die Küche, Mutter und ich decken den Tisch, dann kommen die Verwandten. Es sind anstrengende Stunden, die da am Heiligabend vor mir liegen, und trotzdem sind es die einfachsten vom Jahr, denn ich muß nur Tochter sein, und was ich als Tochter zu reden und zu tun habe, ist mir seit vielen Jahren geläufig.

Ich beherrschte das weihnächtliche Tochtersein schon zu jener Zeit, als ich zwei Kindheiten hatte, eine gute und eine böse. Als mir der Patenonkel Geld schenkte, um das von Großvater geschreinerte Puppenhaus einzurichten. Oder als ich schreiend durchs Dorf lief, die Knie aufgeschürft vom Brombeergestrüpp am Wegrand und von der Scheiterbeige im Kindergartenkeller, auf die zu knien mir die Gemeindeschwester befohlen hatte. Mit einem Pflaster auf dem Mund, weil ich zuweilen ein tobsüchtiges Kind war. Meine Mutter veranstaltete Kindernachmittage und Kindergeburtstage gegen meine Tobsucht und buk das ganze Jahr über kleine goldgelbe Fastnachtskrapfen. Und wenn alle miteinander lustig waren, ging ich hin, strich meine schwarzstaubigen Finger an den Krapfen ab, und die Finger waren so dreckig, weil ich allen zutraulichen Schmetterlingen im Garten die Flügel ausgerissen hatte.

Doch jetzt sitzen wir alle glücklich beisammen, und überrascht durchzuckt es uns, als ein elektronischer Glockenton durchs Wohnzimmer schrillt. Ein Ton so grell, daß der honiggelbe Kachelofen für einen Moment zu gleißen beginnt wie der Stern von Bethlehem. Vater nimmt ab, ruft mich, sagt: »Den Namen hab ich nicht recht verstanden, aber ich glaub, er ist es.«

Und natürlich ist es Clemens.

»Ich wollte dir nur schöne Weihnachten wünschen, mein Herz. Ach ja, wir sind hier auch en famille und haben gerade über Bigamie gesprochen. Ich küß dich.«

Ich strahle, Mutter strahlt, und sogar die Katze scheint sich im Traum zu sonnen, vielleicht auch nur im Glanz ihres Namens, der eigentlich einem Filmstar gehört.

»Mit den Forellen«, sagt Vater gerade, als ich mich wieder zu Tisch setze, und blickt freudig auf das Stück geräucherten Fisch auf seiner Gabel, »war das früher eine recht eigenartige Sache.« Alle Verwandten halten inne, meine Lieblingstante unterbricht ihre Geschichte über den Pfarrer aus dem Nachbardorf, der wegen Bigamie entlassen worden ist, und

Vater fährt fort: »Nach warmen Sommertagen, wenn der Feldboden schrundig war vor Trockenheit und langsam eine dunkelgraue Wolke die nächste vom Himmel zu drängen schien, fuhren die Bauern mit den Jauchewagen über die Felder. Es war dicke, schwere Schweinejauche, und kam endlich der Gewitterregen, so sickerte die Jauche nur selten in den Boden, sondern ließ sich lieber in langen, öligen Striemen vom Regenwasser in den Dorfbach spülen. Dann kamen die Forellen, fraßen sich an den braunen Strömen fest und hingen über viele Meter als schillernde Ketten an den Jauchefäden. Die Bauern riefen ihre Kinder herbei, und die Kinder pflückten die Fische von Hand aus dem Wasser. Man läutete die größte Kirchglocke und bereitete ein Festmahl für das ganze Dorf. Beinah wie heute bei uns.«
Die Verwandten applaudieren gerührt. Nur ich sitze still am Tisch, mit einem übergroßen, pochenden Herzen, das den Gedanken probt, wie es sein Schlangenlederköfferchen packen und seine liebste Wohnung für immer verlassen könnte.

Ich will einen blonden Österreicher, aber keine Abtreibung an Karfreitag

Es gibt nur eine Sicherheit, die ich in bezug auf Clemens weiß: Ich bin die perfekte Maitresse.
Auch ein Beruf, denke ich, nur war der früher besser bezahlt, mit Apanagen und Equipagen, reizenden kleinen Landvillen und Lustschlößchen. Und ich sehe mich über ein Heer von Pagen und Kammerkätzchen gebieten, die mich wie eine raffinierte Speise zubereiten, wenn der Herr zu Besuch kommt. Weil ich seine einzige und anerkannte Maitresse wäre, würden wir uns zuweilen auch gemeinsam auf einer Promenade oder gar einem Empfang zeigen, die Herren würden ihre Köpfe hinter der neusten amerikanischen Zeitung zusammenstecken und murmeln: »Ist sie nicht wunderbar? Was will er denn noch länger mit der lästigen Gattin?«
Die Damen würden sich freuen, wie sehr mich ihre Häkelkünste interessierten, und flüstern: »Wie reizend sie ist! Was will er denn noch länger mit dem unhäuslichen Eisblock?«

Mir die Gespräche feiner Leute auszudenken gehört zu meinem Beruf. Ich bin Journalistin. Manchmal fahre ich in die Berge, sehe zu, wie reiche Männer mit einem Silberstock Bälle über eine gepflegte Bergwiese befördern, und schreibe Atmosphärekonfekt:

Als leidenschaftlich durchglühtes Herbstbouquet präsentierten sich die Boutiquen von Crans-Montana: Zimt, Fuchs, Gold und Karmesin setzen orientalische Akzente gegen das gedämpfte Kieselgrau der großen Designer. Besonders aufregend die neuen Tods in Pythonleder und die Rehledersättel von Hermès. Auch Cindy Crawford, wie jede Saison Erotikfaktor des European Masters, glänzte auf dem Green in fuchsrotem Kaschmir. Das Gerücht über ihre Schwangerschaft dementierte sie so charmant wie nachhaltig: Frau Crawford hob ihren sportlichen Sweater bis über den Nabel und zeigte der entzückten Presse ihren makellos flachen Bauch.

Wenn mir allerdings an übertrieben fröhlichen Frühlingstagen plötzlich ernsthaft zumute ist, wär ich gern weise und verehrt. Ich trüge dann am liebsten einen klugen Namen wie Theodor Wiesengrund Adorno und hielte einmal die Woche hof in einer kargen Wohnung, wo die Wände nur mit Bücherregalen vollgestellt wären. Statt dessen besitze ich schäbige dreihundert Bücher und habe in meiner Wohnung nicht einmal eine Adelsecke eingerichtet.

Zur Adelsecke hat mir ein Liebhaber geraten. Er ist Österreicher, lebt in München, besitzt einen Dienstwagen mit Chauffeur, eine geschiedene und eine zukünftige Gattin und seit zwei Jahren mich. Einen Eindruck von Liebe gibt es zwischen uns nicht, aber neben Clemens habe ich auch gar keine Liebe mehr frei, und so ist der Österreicher tatsächlich ein geordnetes Verhältnis in meinem Leben.
Wir lernten uns in jenen Tagen unter Golfspielern kennen. Ich saß an der Bar des schneeweißen Hotels am Rande der Golfwiese, alle halbe Stunde holte mich der Kellner, stellte mich vor eine Durchreiche zwischen Bar und Restaurant, hielt mir eine Getränkekarte vor das Gesicht und zeigte mir den besten Golfspieler der Welt. Dem hatte ich drei Tage lang unauffällig zu folgen, was sehr langweilig war, denn außerhalb des Turniers war der beste Golfspieler der Welt nichts anderes als ein schottischer Familienvater. Dafür sah ich im Restaurant einen hübschen Menschen sitzen, jung und alleine, aber zufrieden und mit blonden Weihnachtsengellocken. Der Kellner erzählte mir, dies sei der Chefredakteur des größten deutschen Boulevardmagazins, liebenswert und sicher auch liebesbedürftig und ein hochgebildeter Österreicher von altem Adel dazu.
So legte ich meine Langeweile beiseite und beschloß, mir den altadeligen Österreicher zum Liebhaber zu nehmen. Am nächsten Morgen suchte ich ihn zwi-

schen den Zelten der Sponsoren, wo Champagner und kleine, wie mit Tauperlen überhäufte Kaviarhäppchen aufgetragen wurden. Ich ließ mir einen Golfball aus Marzipan bringen und hörte, wie ein überaus lauter Mann nach einem Gesprächstermin mit meinem Golfspieler verlangte. Ich drehte mich um, und da stand er tatsächlich.

»Verzeihung, aber ich denke, daß ich Ihnen helfen kann«, sagte ich mit meiner geschäftstüchtigsten Stimme.

»Wer sind denn Sie?« fragte er erstaunt und blickte neugierig auf mein Namensschild.

»Ich bin von der Konkurrenz«, sagte ich, »von welcher, tut hier nichts zur Sache, für Gegenleistungen verkaufe ich Ihnen gerne ein paar außergewöhnliche Neuigkeiten.«

»Oh, was haben Sie denn zu bieten?«

»Ein Interview mit seinem Manager«, sagte ich, und das war eine halbe Lüge, denn ich besaß zwar tatsächlich einen Brief, in dem der Manager mit wenigen Worten auf meine langen Fragen antwortete, doch die einzige Neuigkeit war die, daß der beste Golfspieler der Welt während seiner Schweizer Turniere jede Nacht vor dem Einschlafen eine Tasse heiße Schokolade trank. Darüber schwieg ich natürlich.

»Ausgezeichnet«, sagte der hübsche junge Mensch begeistert, »da sind Sie aber weit gekommen, kleines

Fräulein. Und worin soll die Gegenleistung bestehen?«

»In einer Nacht mit mir«, sagte ich kühn.

»Kind, du brauchst dringend eine eigene Adelsecke«, sagte er, als ich ihn zu einer von vielen folgenden Nächten von seiner Münchner Redaktion abholte und unzufrieden war, weil ich nie zu den wichtigen Gesellschaftsereignissen geladen wurde. »Weißt du, wenn eine Gräfin von Glauchau-Zwickau jemals freiwillig auf die Idee kommt, mit dir Kaffee zu trinken, dann ist sie bankrott und braucht einen neuen Mann. Dann hat sie aber auch kein Interieur mehr für ein hübsches Bildchen. Schaff dir also deine eigene Adelsecke. Besorg dir ein paar Requisiten, und stell sie in deiner Wohnung auf. Wie früher beim Fotografen. Du brauchst fast kein Einstiegskapital und bekommst Einladungen, Beziehungen, Macht.«

Für diesen Rat dankte ich ihm und legte mich wie immer in sein übergroßes Himmelbett. Ohne Liebe, aber dankbar, daß es in meinem Leben regelmäßig einen Mann gibt, der Stil hat, seine Anzüge nur in Nizza kauft und gebildet ist. Und weil er überdies ein Österreicher ist, versuche ich immer wieder, an ihm eine winzige Fährte von k.u.k. Monarchie aufzuspüren. Aber wahrscheinlich hat er damit nicht mehr zu schaffen als ein Gärtner auf dem Wiener Zentralfriedhof.

»Wie gern ich mit dir schlafe!« ruft er, dreht sich zur Seite und schläft ein.
Manchmal sagt er auch: »Wenn du Kinder möchtest, würd ich dich sofort heiraten.«
»Ich dich aber nicht«, sage ich, und er fragt: »Und diesen Clemens, würdest du ihn denn heiraten?«
»Ja«, fährt es mir aus dem Mund, und es möchte sich vor Scham sofort wieder dorthin zurückziehen. Weit weg, in die kleinste Kammer meines Herzens. Weil ich ihn nie werde heiraten können. Weil er höchstens mit seiner blonden Braut bestürzt an meinem Grab stehen würde.

Und die kleine Meerjungfrau hob ihre hellen Arme zu Gottes Sonne empor, und zum ersten Mal spürte sie Tränen. – Auf dem Schiff war wieder Lärm und Leben, sie sah den Prinzen mit seiner schönen Braut nach ihr suchen, wehmütig starrten sie auf den wogenden Schaum, als wüßten sie, daß sie sich in die Wellen gestürzt hatte.

Aber weil der Österreicher schon seit zwei Jahren mein Liebhaber ist und der einzige, auf den ich mich verlassen kann, ist ausgerechnet er mir von allen am Morgen der Gegenwärtigste. Der einzige, der meinem Traum nahekommt, bei jedem Erwachen von Clemens die Frage zu hören: »Na, mein Herz?«, und die kleine Frage würde heißen: »Mein Lieb, ich bin dir gut, bist du's mir auch? Mein Lieb, wie ist dein Morgen?«

Statt dessen erwache ich meist alleine und an schweren Träumen. Einmal träumte mir, es wäre Karfreitag, und ich stünde zu Hause in der Küche. Meine Mutter legte Buschwindröschen und Schlüsselblumen auf die frischen Eier vom Bauernhof, wickelte behutsam alte Strümpfe darum und kochte die Eier im Zwiebelschalensud.

»Am Tag der Geburt gehen wir im Meer schwimmen, dort, wo es am tiefsten ist«, sagte Mutter, »dann schlüpft das Kind nur so aus dir heraus, versinkt sofort, ist tot, und du hast es nie zu Gesicht bekommen.«

»Nein, um Himmels willen nein!« schrie ich, rannte aus der kleinen Küche, rannte weiter aus dem Haus. Draußen schaute der Himmel böse auf mich und mein ungeborenes Kind, und ich hetzte über Stege und Planken, über morsche Strandpromenaden, schlug die Arme um meinen Bauch, um mein Kind der Liebe vor dem Sturm zu schützen. Ich wußte nicht mehr, wie ich es empfangen hatte, nur den Vater wußte ich. Es war Clemens, und deshalb wollte ich dieses Kind zur Welt bringen, wollte es um mich haben als das einzig Wunderbare, was mir von ihm geblieben war.

Und einmal würden wir beide ihm begegnen, die junge Mutter und ihr reizendes Kind. Er würde staunen und uns um unsere leuchtenden Augen beneiden.

Ich würde sagen: »Schau, das ist meine Tochter. Und deine.«
Sein verhärmtes Gesicht würde aufgebrochen vor Glück, er schlösse uns in die Arme, und wir würden eine Familie.
»Komm, da ist der Turm«, ruft meine Mutter und ist ganz atemlos, weil sie mir hinterherlaufen mußte, »da steigen wir jetzt hinauf, zur tiefsten Stelle des Meeres!«
»Adieu, mein Herz, adieu, mein Kind«, bete ich tonlos vor mich hin, der Tod wird so salzig sein wie meine Tränen. Ich klettere hundertundfünfzig Metallsprossen hoch, die Mutter immer hinter mir, oben ist kein Turm mehr zu sehen, wir stehen auf einer winzigen Plattform, und um uns schlägt das Meer seine Todesflügel zusammen.
»Keine Angst, du wirst nicht untergehen. Das Wasser ist viel zu salzig. Aber das Kind wird sofort erstikken.« Und die Mutter schwänzelt lachend davon.

Clemens hat eine Gemeinsamkeit mit Dörrobst

»Wie schön du bist«, sagt Clemens, als wir uns am Neujahrstag in seiner Wohnung über Porträtfotografien beugen, die Helena von mir gemacht hat, »ein Gesicht voll flüchtiger Vögel. Mit dir muß man Filme drehen!« Wir holen Champagner, stellen uns nebeneinander auf seinen Balkon, er blickt erst in meine Stadtrichtung, dann in meine Augen und seufzt leise: »Ma chère aimée, ma chère aimée.«

»Das klingt beinah, als hättest du ein Herz.«

»Aber mein Lieb, das hab ich doch. Heute glaub ich gar, ich könnte dich ein Leben lang behüten, wie ein richtiger Gatte.«

»Weißt du«, hatte er mir einmal gesagt, als wir im Platzregen den See entlanggerannt waren und uns endlich, vor Kälte zitternd, unter einem Baum aneinanderklammerten, »vielleicht werde ich mich tatsächlich für sie entscheiden, auch wenn ich vor dir kein Leben hatte. Denn wer gibt mir die Gewißheit, daß du mich in einem Jahr noch liebst?«

»Ja«, sagte ich traurig, und meine Stimme klang, als

zerklirrten viele kleine Weihnachtskugeln, »nie habe ich einen so sehr geliebt wie dich, das ist die Wahrheit und wird sie immer bleiben. Aber es wird auch immer so sein, daß meine Liebhaber zu diesen andern Frauen zurückkehren, die ihnen ein Essen geben und eine Sicherheit. Von mir bekommst du nur die Liebe und vielleicht den Tod.«
Ich wandte mich ab und lief im Regen zum See, und im Licht eines vorbeifahrenden Schiffes sah er, wie die Vögel in meinem Gesicht verzweifelt versuchten aufzufliegen. Und er riß mich an sich und tötete die Vögel so lange mit seinen Küssen, bis wir beide ins seichte Uferwasser sanken. Es war wie eine Oper, und ich glaubte mir jedes Wort und ihm erst recht und wollte nicht wahrhaben, daß seine großen, runden Sätze mit der Zeit zusammenschmoren würden wie Dörrobst im Ofenrohr.

Sieh dir die Liebenden an,
wenn erst das Bekennen begann,
wie bald sie lügen.

Manchmal stand ich plötzlich in seiner Wohnung. Weil er schon wieder vergessen hatte, daß mich auch die Nachbarn ins Haus einlassen konnten und daß seine Wohnungstür immer offen stand, weil er den Schlüssel verloren hatte. Da war ich dann, starrte kurz auf die vielen leeren Wurstplastikpackungen, das mottenbehauste Brot und die angeschmolzene rote Grableuchte neben seinem Bett. Pflügte mir einen Weg durch seinen Unrat, ging ohne ein Wort auf den Balkon, zum Aschenbecher, prüfte, ob der monatealte Stummel mit meinen Lippenstiftspuren noch immer im Sand steckte, nahm ein paar ungeschickte Züge von einer neuen Zigarette und setzte mich aufs Balkongeländer.

»Enchanté!« sagte er, als ich einmal in seiner Wohnung stand. Dabei wollte er gewiß niemanden sehen, schon gar nicht eine seiner Frauen. Statt einer Begrüßung beugte ich den Kopf leicht nach vorn, und er sah, wie sich eine Blutkruste den Scheitel entlangzog.

»Das war ein Scheinwerfer. Der ist mir beim Tanzen auf den Kopf gefallen und hat mich leider nicht erschlagen. Aber wie mir das Blut so übers Gesicht lief, das war sehr schön.«

Ich hielt mir die Hand vor den Mund, würgte, wurde noch bleicher und tastete mich der Wand entlang.

»Süße kleine Wasserleiche«, spottete Clemens, doch meine Augen verdrehten sich langsam, und die Fingerspitzen wurden lila. »Nein«, rief er, »bitte nicht!«, griff zur Whiskyflasche und rieb meine Schläfen mit Alkohol ein. Nahm das Frauenbündel in den Arm, wiegte mich leise, trug mich in die Küche, wischte auf der Sitzbank eine Armlänge von Brotkrümeln und Asche frei und hielt mir eine Tasse mit kaltem Tee vor den Mund.

»Bin ich denn noch immer nicht tot?« fragte ich. Clemens nahm mein Gesicht in seine Hände, küßte mich, bog mir dabei den Kopf in den Nacken, ich schrie leise auf vor Schmerz und küßte zurück. Und schon waren wir wieder in einer dieser Umarmungen, in die wir immer wieder gerieten, und blickten einander auch jetzt wieder verwundert an, weil die Lust so einfach vom Himmel gefallen kam.

»Kannst du denn, mit einer Gehirnerschütterung?«

»Aber gerne, mein Herr, ich brauch nur genügend Kissen unter meinem Haupt.«

Und ich legte mich vorsichtig auf sein Bett mit den Schminkespuren der anderen Frau, er zog den Vorhang zu, zündete die Grableuchte an und stellte das Gebläse des elektrischen Ofens auf die höchste Stufe.

Als er später den Vorhang wieder zurückzog, fiel Sonne auf sein Bücherregal, wo die leeren blauen Eisteepackungen vor den Büchern plötzlich aufleuchteten wie blaue Himmelsbahnen. Ich stand auf, zog mich an, knickte ein bißchen ein auf dem Weg zur Tür. Clemens blieb liegen und sagte kein Wort. Draußen rann mir ein warmer, klebriger Tropfen ins Auge, und die Sonne ging so rot unter wie nie zuvor.

Auch ein toter Fisch will meine größte Liebe nicht retten

So much about love«, denke ich und starre aus Helenas Fenster. Vier Stockwerke weit hinunter auf das Gewirr der Busfahrleitungen, auf die neugestrichenen Fußgängerstreifen, die durch den Regen leuchten wie ganze Pflanzstreifen plattgefahrener Sonnenblumen.

Gerade habe ich die größte Liebe meines Lebens verloren. Einfach so, ganz und für immer. Wenigstens liegt auch die blonde Tyrannin zerschmettert da, und all ihre häßlichen gelben Puppenglieder sind in die schwarze Nacht gestreut. Das sieht aus wie die gelben Schlüsselblumen, die ich als Kind in der Karfreitagsvesper über das schwarze Grabtuch streute, auf dem der gekreuzigte Holzheiland lag. Nur wird es für sie nie ein Ostern geben. Keine Auferstehung, nichts. Dafür eile ich ihr zur Seite. Werde ihr endlich ins versehrte Herz träufeln, daß wir sie trotz seiner Treueschwüre immer wieder hintergangen haben. Daß es Leute gegeben hat in dieser Stadt und Plätze und Straßenkreuzungen, die unsere Küsse gesehen

haben. Die gehört haben, wie er sagte: »Weshalb haben wir uns an Weihnachten nicht umgebracht!«
Einmal standen wir auch an dieser Straßenkreuzung unter Helenas Fenster. Es war an einem von hundert Tagen im vergangenen Jahr, da ich mich bereits von Clemens verlassen glaubte. Wir fanden einander zufällig bei einer Lesung in einer der alten Badeanstalten am See. Und weil uns die Literatur langweilte, verließen wir den engen Raum mit den blauvergitterten Garderobenschränken, holten Wein, stellten uns dorthin, wo nur das Flimmern des angestrahlten Springbrunnens auf die Planken fiel, ich lauschte den ebenfalls langweiligen Dingen, die aus seinem Mund torkelten, und hätte den Mund so gerne geküßt.
»Weißt du«, hatte Clemens einmal gesagt, Tage bevor wir zum erstenmal miteinander schliefen, »am besten ist es, von einer Frau überrascht zu werden. Sie bei etwas völlig Sinnlosem zu beobachten. Zum Beispiel, wie sie Geschirr von einer Hotelterrasse auf die Straße wirft.«
Und deshalb schüttete ich meinen Wein in den See und versuchte, mit dem leeren Glas einen toten Fisch zu treffen. Zwar traf ich ihn, und der Glasboden schmatzte, als er auf den weißen Bauch schlug, aber das Tier ging nicht unter, und so schaukelten Fisch und Glas nebeneinander davon. Clemens blickte mich an, warf sein Glas hinterher, ich zog ihn neben

mich an das Geländer, stellte mich vor ihn, sagte: »Im Zeitalter von Techno ist auch die Liebe eine Sache von Loops«, und wir küßten uns lange.
Dann schlenderten wir zu unserem alten Hotel. An einer Straßenkreuzung mit ausgebleichtem Fußgängerstreifen blieb Clemens stehen und sagte: »Remakes sind selten gut. Erinnerst du dich an den zwei-ten Saurierfilm? Der war Scheiße.«
Und ging davon.
Genau hier war es, und genau hier hat mich vor einer halben Stunde Helena am Arm gepackt. Sie blickte mich an, als wäre ich krank, und führte mich in ihr Büro.
»Hast du schon von Clemens gehört? Er ist jetzt mit M. zusammen.«
»So.«
Und mir fährt ein Bild durch den Leib von zwei dürren, verschlungenen Körpern. Viel schwarzes Haar und hungrige Gesichter.
»Es soll die große Liebe sein, sagen sie.«
»Und seine Gattin?« frage ich.
»Die hat ihn jetzt verlassen.«
»Weißt du das von ihr?«
»Ja, und ich habe ihr auch gesagt, daß er für dich schon sehr lange sehr tot sei. Jemand muß ja in dieser Angelegenheit auf deine Würde achten!«
Helenas Büro ist groß, fast so kühl wie bei meinem Liebhaber in München, nur karger und ärmer. Hier

verbringt Helena ihre Tage, und die sind anders als ihre Nächte. Bei Tag ist sie nüchtern, hält Vorträge über neue Medien und neue Geschlechter, liebt Sichtbeton und würde nie Sätze sagen wie »Du bist die größte Liebe meines Lebens«, sondern vielleicht »Hätte ich ein ungebrochen naives und direktes Verhältnis zu Konzepten wie Liebe, so würde ich behaupten, du seist die größte Liebe meines Lebens. Aber auch dann müßte mein Gegenüber dies unbedingt als ironisches Zitat erkennen.« Und so ist es gut, daß ich bei ihr vom Ende meiner größten Liebe erfahre. Denn bei Helena bin ich mir sicher, daß mit Clemens nur der Hohe Ton groß war. Nicht die Liebe. Bestimmt nicht die Liebe.

Geheiratet hätte ich Clemens zum Beispiel nie. Einmal versuchte ich mir vorzustellen, wie so ein gemeinsames Leben aussehen könnte. Einen Raum hätte ich ihm und seinem elefantenleibigen Computer überlassen, einen einzigen. Grausig geflügelte und bebeinte Insekten und mit der Zeit auch Mäuse hätten da im Lichtschimmer von angeschmolzenen Grableuchten geboren, geendet und gemodert, wären in den Rauchwolken erstickt oder hätten sich mit unreinen Krümeln aus Teppichfilz, Hautschuppen und Drogen vergiftet. Und nichts von alldem hätte über die Schwelle in meine sauberen Räume gelangen dürfen. Außer ihm natürlich, meinem Monstertier, dessen Lachen tatsächlich dem Ausdruck jenes

mörderischen Sauriers gleicht, mit dem unsere Geschichte so dringend hätte beginnen sollen.
»Na, allzu ernstes kleines Mädchen, das besser schreibt als ich und alle Leute, die ich verehre, hättest du nicht Lust zu etwas Unkultur? Vielleicht der neue Saurier-Film? Ich hab gehört, er müsse sehr schlecht sein«, hatte Clemens mich eines Tages gefragt.
Das kleine Mädchen sagte »Ja, vielleicht«, blätterte sich im Geist durch viele nicht vorhandene Abendtermine, sagte: »Vielleicht Dienstag?«
Weil das Mädchen damals noch nicht in der gleichen Stadt wohnte wie das Monster, rannte es am Montag zu seinem Arbeitskollegen, sagte: »Du, morgen verführe ich den Clemens, aber wenn er gar nicht will, kann ich dann bei dir übernachten, der Zug geht doch so früh.« Und der Arbeitskollege räumte seine Wohnung auf, legte Trostschokolade aufs Bett und übernachtete auswärts.
Plötzlich saßen das Mädchen und das Monster nebeneinander im Kino. Das Mädchen wartete geduldig auf eine Szene, die ihm erlaubt hätte, sich vor Schrecken an den Mann zu klammern, und weil es so sehr hoffte und wartete, verpaßte es jeden Schrekken, und weil der Mann stark sein wollte, verpaßte er die Schrecken auch und konnte sich nicht an das Mädchen klammern. Am Ende standen sie enttäuscht nebeneinander vor dem Kino, kein roter

Teppich, der sich unter ihren blitzlichtumwitterten Küssen entrollt hätte.
Und dann lud er sie zu einer Flasche Wein, sie saß da, versuchte, den Langeweilestrick zu zerreißen, der sich ihr ums Herz zog, bis sie erschreckt auffuhr, »oh, le dernier train«, und er sagte: »Du kannst schon bei mir schlafen, ich hab eine Gästematratze im Wohnzimmer.« Sie schaute lächelnd zu, wie er die Matratze bezog, dachte, keine Minute schlafe ich hier, wollte schon sagen, mein Herr, wie stellen Sie sich das denn vor, ich mag doch nicht alleine, der Wein, Sie wissen, und dann ein Blick und eine lange Weile lang nichts als Küsse.
Geheiratet hätte ich besser meine erste Liebe. Einen guten Menschen aus dem Wiener Alsergrund, der mich selbst zu einer Großzügigkeit meines Herzens bewegte, die mich zuweilen ganz stolz werden ließ. Bis mein Herz sich sträubte und die Liebe zu einem schlimmen jungen Unglück machte. Es war ein heißer Maientag, die Blumen im Volksgarten leuchteten grell, das Parlament hatte sich hinter einem Staubschleier verflüchtigt, da verließ ich meine erste Liebe. Verließ den Mann, mit dem ich versucht hatte, Sartre und de Beauvoir nachzuleben, mit dem ich um Mitternacht auf dem Kahlenberg gestanden hatte, und unter uns lag Wien und sah aus wie die Kulisse zu großen Verzweiflungstaten. Mit dem ich durch Brixton gegangen war, vorbei an den Marktständen

voller Dörrfische und afrikanisch bedruckter Stoffe, hinunter in einen Keller, in ein Hotelzimmer für 18 Pfund mit einem Drahtfederbett, einer Glühbirne und sonst nichts.

Und stelle ich jetzt die erste und die größte Liebe meines Lebens nebeneinander, so komme ich zu gar keinem Schluß. Schwarz war der eine, blond der andere, Dichter der eine, Philosoph der andere, das Hotelzimmer in meiner Stadt war schäbig, das in Brixton auch, in Wien tranken wir Wein, in meiner Stadt Whisky, der eine verstieß mich, ich dafür den anderen, der eine schenkte mir Hammett und Brecht, der andere Doderer und Sartre, der eine liebte Ostdeutschland und Fußball, der andere Rußland und Schach. Mit dem einen kamen die Zigaretten, mit dem anderen das Kokain. Für beide habe ich viel geschrieben.

Meiner Großmutter kommt leider auf alltägliche Weise das Schreiben abhanden

5. Februar 1931

Lieber Jakob

Wie geht es Dir? Mir geht es gut und den jungen Schweinchen auch. Die alte Sau haben wir gestern totgemacht. Der Metzger Oskar ist gekommen und hat der Erna einen langen, spitzen Stab in den Hals gestochen. Wie das Blut da gespritzt hat! Ich mußte einen Kübel darunterhalten, damit es nicht davonlief. Mutter will nämlich Blutwurst daraus kochen. Oskar hat nachher gemeint, jetzt ginge es ihm wieder besser, aber am liebsten würde er die andere Schlampe, die Marianne, auch abstechen. Sie sei ihm nämlich mit dem Alfred fortgelaufen. Ich habe gar nicht gewußt, daß die Sau vom Oskar Marianne heißt.
Ich soll Dich noch von der Großmutter grüßen. Sie strickt Dir neue Socken mit roten und weißen Vierecklein. Sie hat gesagt: »Nach der Rekrutenschule wird der Bub stolz sein, daß er zur Schweiz gehört. Das soll er aber nicht nur mit Kopf und Herz, sondern auch mit den Füßen ruhig zei-

gen.« Und dann sagte sie ein Gedicht auf, »Vom Scheitel bis zur Sohle bin ich ein Schweizersmann«, und die Annegret, deren Schwester gerade aus ihrem Haushaltsjahr in Paris zurückgekommen ist, meinte, die Socken seien richtig chic.
Ich könnte Dir noch viel Wichtiges erzählen, aber das Abendessen ist schon vorbei, und ich muß mich waschen, Zähne putzen, beten und schlafen. Sonst rauscht's im Tannenwald, hat Vater gesagt.

Einen lieben Gruß sendet Dir Deine Cousine Verena

14. Februar 1931

Lieber Jakob

Wie geht es Dir? Mir geht es heute recht gut, aber gestern nicht. Beim Radfahren bin ich nämlich gestürzt. Das Blut ist mir nur so übers Knie und in die weißen Socken gelaufen, fast wie bei der Sau, hat Hans gesagt. Kann ich aus meinem Blut auch Blutwurst machen? Mein Blut schmeckt bestimmt besser als das von der Sau.
Weißt Du schon, daß Eggenschwilers Frieda und Jäggis Hans bald heiraten werden? Hans hat ja im letzten Sommer beim Mähdreschen den linken Arm bis zum Ellenbogen verloren. Mutter meint, Frieda und Hans hätten sich an Allerheiligen rasch im Wald getroffen, und meistens sei es dann dringend mit der Hochzeit, sonst könne im fal-

schen Moment etwas Kleines passieren, und dann hätte die Frieda im Dorf nichts mehr zu suchen, und der Hans sei eine Sau. Ich habe Mutter nicht so recht verstanden, aber ich glaube, es ist, weil die Frieda solchen Liebeskummer hat seit Allerheiligen. Auf jeden Fall muß sie viel Schokolade gegessen haben, so dick ist ihr Bauch.
Wir haben übrigens junge Katzen bekommen. Am Anfang waren es acht, dann hat Vater drei davon im Bach ersäuft, weil wir doch keinen Platz mehr haben. Drei anderen hat der alte Kater den Hals durchgebissen. Jetzt bleiben also noch zwei, eine Rote und eine Gefleckte, aber die Rote hat nur noch drei Beine, weil sie gestern im Keller in eine Rattenfalle getreten ist.
Ich soll Dich noch von der Kathrin grüßen. Sie zeigte mir einen blauen Fleck an ihrem Hals und meinte, der sei von Dir. Ich habe gar nicht gewußt, daß Du Kathrin am letzten Wochenende gewürgt hast. Geschieht ihr recht, sie ist eine dumme Kuh. Als es vorgestern so warm war, hatte sie einen kurzen Rock getragen und stand in der Pause immer über dem Lüftungsschacht vor der Kochschule.

Liebe Grüße auch von Großmutter und Tante Annegret,
Deine Cousine Verena

19. Februar 1931

Lieber Jakob

Wie geht es Dir? Mir geht es gut. Ich habe Deinen Brief vom Gotthard allen gezeigt, zu Hause und in der Schule. Großmutter sagte: »Doch, doch, der Bub macht sich, aus dem wird noch ein währschafter Schweizer, wie der Tell oder der Winkelried. Den können wir brauchen.« Sie strickt Dir für die Skiferien eine Mütze und einen Schal mit unserem Landeswappen.

Tante Gerda, die so gerne Sängerin geworden wäre, sang »Ich bin vom Gotthard der letzte Postillion!«. Vater meinte, das klinge ja wie eine Bandsäge, nur könne man die ausschalten und Gerda nicht. Und weil sie immer weitersang und Vater immer weitertrank, hat er ihr zum Spaß eine gewaschen, und ihr Gebiß fiel auf den Teppich. Ich habe genau gesehen, daß Maden darin waren, und fragte Tante Gerda, ob das Spul- oder Bandwürmer seien. Da hat sie laut geschrien und gerufen, so etwas sei ihr noch nie passiert, sie würde ihr Gebiß doch jeden Abend so gründlich mit frischer Asche putzen wie ich meine Zähne, und daran sei nur Schusters Annebeth schuld, die hätte nämlich den bösen Blick, und die würde sie gleich morgen auf dem Posten anzeigen. Ich hab dann gesagt, das müsse sie nur Dir sagen, Du hättest jetzt doch ein Gewehr, und damit ginge alles viel schneller, aber Gerda sagt, sie will die Sache mit der Annebeth an die große Glocke hängen.

Dem Sepp habe ich Deine Grüße ausgerichtet, er ist neidisch auf Dich, sagt aber, er sei schon jetzt ein rechter Mann, weil er am Sonntag vor der Kirche den Karl versohlt hat. Der trug nämlich einen roten Pullover und sang »Rußland, Rußland über alles!«. Du hast recht, diese komischen Roten muß man einfach erschießen, das hat Sepp auch gesagt. Er hat sich aus einer Baumwurzel, die er am Bachufer ausgegraben hat, und Nägeln einen Morgenstern gebastelt. Damit will er dem Karl am nächsten Sonntag auflauern und ihn fertigmachen.

Die Kathrin hat mich in der Schule gefragt, ob Du etwa mein Schatz seist, da habe ich natürlich ja gesagt. Sie ist bleich geworden, hat mir einen Ring aus Trompetengold vor die Füße geschmissen und laut geheult: »Das ist für den Sauhund also Treue!«

Ich habe mich natürlich gefreut. Du freust dich doch auch, oder? Der Karl, der immer viel mehr weiß als alle andern, weil sein Vater schließlich Briefträger ist, hat etwas von »inzestuösem Verhältnis« gemurmelt. Ich habe ihn gefragt, was er damit meint, und er sagte, es könne halt vorkommen, daß eine Kuh von ihrem eigenen Stierenvater ein Kind bekomme. Bei der Sauordnung, die auf der Weide immer ist, wundert mich das auch nicht.

Lieber Jakob, ich bin stolz auf Dich und freue mich, wenn Du das nächste Mal Militärkekse mitbringst.

Viele liebe Grüße von Deiner Cousine Verena

25. Februar 1931

Lieber Jakob

Wie geht es Dir? Mir geht es gut, weil mir der Rolf nämlich gerade Geld für den Kiosk gegeben hat. Er meinte, er sei sehr befriedigt von mir, und ich solle es das nächste Mal genauso machen. Dabei habe ich ihm doch nur in den Hosenschlitz gelangt und dort Salbe angestrichen, weil sein Ding so furchtbar heiß und entzündet war.

Der Mutter geht es wieder gut, seit der Storch das neue Kind gebracht hat, vorher war ihr Bauch immer so geschwollen. Großvater sagt, sie hätte aus Angst vor dem Storch Bauchweh bekommen. Das neue Kind ist gar nicht schlecht, es ist jedenfalls nicht kaputtgegangen, als ich es heute morgen auf der Treppe absichtlich fallen ließ. Probieren geht über studieren, sagst Du doch immer.

Du wirst staunen, wenn Du am nächsten Wochenende Urlaub hast, wir haben nämlich viele neue Sachen im Haus: das neue Kind, eine neue Kloschlüssel, weil die alte kaputtging, als Großvater Durchfall hatte, und ein neues Buch über Schweine- und Rinderzucht im Emmental. Hureninteressant, hat Vater gemeint, besonders das Kapitel über Euterpflege, und dabei hat er Mutter an die Brust gelangt, und sie hat laut gelacht. Eine neue Blumenvase haben wir auch, die alte hat Ernst nämlich der dreibeinigen roten Katze nachgeworfen, weil sie auf sein Bett gemacht

hat. Jetzt hat sie immer noch drei Beine, aber nur noch einen halben Schwanz.
Mutter hat bestimmt recht, wenn sie sagt, daß ich besser nicht so viel vor dem Spiegel, dafür vor den Schulbüchern sitzen soll. Aber ich werde jetzt eben langsam ein Fräulein, da gehört das doch dazu. Oder was meinst Du? Die blöde Kathrin macht das schon lange. Mutter meint, die sei halt so ein kleines Luder, die würde schon früh genug unter die falschen Räder geraten. Es sei besser, im Geiste rein zu bleiben, auf das Innere komme es nämlich an, äußerlich seien ein frisches Gesicht und eine saubere Schürze immer noch genug. Die innere Krone lasse den äußeren Heiligenschein erst strahlen. Ich war beeindruckt und habe den Lippenstift, den ich Kathrin geklaut habe, in der Wärmflasche versteckt.
Ich wünsche Dir noch ganz lange alles Gute, und denk daran, der Herrgott, das Vaterland und Deine Familie sind stolz auf Dich, hat Großmutter gesagt.

Mit lieben Grüßen. Deine Cousine Verena

An dieser Stelle ging die zwölfjährige Verena Nyffenegger aus einem mit Schuh- und Textilindustrie reich gewordenen Dorf in der Nähe von Luzern aber nicht ins Bett, sondern rannte weinend nach draußen, rannte zwei Häuser weiter zum Bauernhof, wo sie ihre Schreibfeder zerbrach und in die Jauchegrube warf. Daß sie zuviel Zeit vor dem Spiegel verbrachte, war gelogen. Die Mutter war vielmehr mit ihrem strengen Blick ins Zimmer getreten und hatte gesagt: »In die Bezirksschule gehst du übrigens nicht nach den Ferien. Du kannst in die Realschule und nachher in die Fabrik. Für die Mädchen haben wir nicht auch noch Geld.«

Und Verena hatte geschrien, daß fast die dünne Marmorplatte auf der Waschkommode zersprungen wäre, hatte unter Tränen ihren lustigen Brief zu Ende geschrieben und war losgerannt.

Jetzt saß sie neben der stinkenden Grube und dachte daran, wie sie vor zwei Tagen »Bezirksschule« gesagt hatte, als sie alle vom Lehrer gefragt wurden, wie sie sich ihr nächstes Schuljahr vorstellen würden. Und in ihrem Kopf hatten sich ganz von selbst hunderttausend Geschichten erzählt, wie sie sie immer an Jakob schrieb. Und sie hatte gelächelt und gedacht, daß sie später selbst einmal Lehrerin werden würde und dann alle Kinder mit ihren Geschichten unterhalten könnte, und alle würden die Schule lieben.

Und jetzt also nichts. Die Realschule mit lauter Kindern, die gar nicht zur Schule gehen wollten. Und dann die Fabrik. Nähmaschinen die ganze Woche über, und zu lesen gab es nur Schnittmuster. Die Kleider aus der Fabrik gefielen ihr auch nicht. Wahrscheinlich wurden sie alle von einem alten Schotten entworfen, der in seinem Knierock auf einem Schloß saß und durch die Arbeiterinnen in der Schweiz immer noch reicher wurde. Jedenfalls hatte Jakob gesagt, da müsse ein Schotte dahinterstecken, sonst würde die Fabrik nicht McQueen heißen und ein kleines Stück Schottenmuster im Firmenwappen führen.

Verena wußte es nicht, und sie hatte Angst vor den Nadeln in der Maschine und davor, vom ewigen Treten dicke Beine zu bekommen. Was sie hingegen gut wußte, war, daß ihr Bruder Kurt, für dessen Ausbildung sie in der Fabrik arbeiten mußte, sehr dumm war. Am liebsten saß er am Bach, schlug Nägel in ein Stück Baumwurzel, so daß die Nagelspitzen auf der anderen Seite wieder herausstachen, und drosch damit auf die Buben aus dem Nachbardorf ein. Und sie wünschte sich, daß er beim nächsten Kampf auf dem »Blick zur Heimat« einen zünftigen Sternenhagel zurückbekäme. Am besten tödlich.

Ein kleiner Stern hatte sich Verena zum Trost in den Schoß werfen wollen, aber weil sie ihm nicht wie im Märchen ihr Hemdchen als Sprungtuch hinhielt, fiel er in die Jauchegrube und schwamm dort mit ein paar Strohhalmen und der entzweigebrochenen Schreibfeder im Kreis.

So kam meiner damals schon sehr hübschen und patriotischen Großmutter das Schreiben abhanden.

Großmutter träumt von den abgerissenen Hemdentaschen eines eigenen Mannes

Sie erzählte mir die Geschichte vor langer Zeit an einem Herbsttag. Wir saßen in ihrer Küche, weil nur dort der Tisch so groß war, um die ganze Monopoly-Spielplatte aufzufalten. Auch Schach hatten wir gespielt, und nach vier Stunden holte ich den Vanillepudding aus dem Kühlschrank, löffelte ihn in zwei flache Kristallschälchen, und Großmutter fragte beiläufig: »Willst du nicht auch noch etwas über den Pudding?«, schloß die Flasche mit dem Stroh-Rum aus dem Buffet und ertränkte die Puddingbrocken großzügig.

Weil wir bei diesem Dessert beide gesprächiger und mutiger wurden als sonst, holte ich endlich das dünne Bündel mit den Briefen an Jakob aus der Schublade des Kindertischchens im Gästezimmer. In dieser Schublade lagen auch Zeichnungen, die ich meiner Großmutter geschenkt hatte, Bildergeschichten in mehreren Blättern, auch zwei Zeichnungen aus einer Serie von nackten Frauen, mit der ich einen Nachmittag lang durch die Nachbarschaft gezogen

war und sie an den Türen den Nachbarn verkauft hatte. Eine Nackte kostete zwanzig Rappen, drei kosteten fünfzig. Die Nachbarn waren besorgt und wollten verhindern, daß ich damit bis ins Dorf hinunter hausieren ging. Deshalb hatten sie sehr schnell und sehr viel gekauft.
Doch an jenem Herbstnachmittag kramte ich die Briefe an Jakob hervor und bat meine Großmutter, mir die komplizierte alte Schrift zu erklären. Und so saßen wir mit einer Leselupe über den vergilbten Briefbögen, mit roten Wangen, weil die Briefe doch ein bißchen heikel waren. Und als ich die fremdartigen Schriftmuster alleine entziffern konnte, erzählte meine Großmutter weiter. Davon, wie sie als junge Frau immer schöner wurde und wie es dazu kam, daß sie eine Sisi-Haarpackung verlangen konnte.
Meine Großmutter hatte als Mädchen nämlich so langes und so reiches Haar getragen wie die Kaiserin von Österreich und Königin von Ungarn. Bloß heller, nicht blond, aber braun mit Lichtsträhnen. Ihr reicher Patenonkel aus Luzern, bei dem sie ihre Kinderferien verbrachte, hatte ihr deshalb ein Buch mit den Schönheitsrezepten der Sisi geschenkt. Und so lernte meine Großmutter schon als Zehnjährige, daß sie ihr langes Haar nicht jede Nacht zu satten Zöpfen flechten und gegen Trockenheit in eine Paste aus Eiern und Cognac einlegen sollte.

Zu dieser exklusiven Haarkur sollte sie allerdings erst außerhalb ihres Dorfes und mit modern gekürztem Haar kommen. Erst nachdem sie wegen der Schönheit, genauer aus Angst vor den dicken Beinen, mit sechzehn bereits der Damenriege beigetreten war. Und weil sie sich ein Leben ohne Kultur nicht vorstellen konnte, mit siebzehn endlich dem Theaterverein. In der Damenriege hatte sie außer ein paar seltsamen Wiegeschritten, die aussahen wie Ausdruckstanz, nichts gelernt, aber im Theaterverein lernte sie beinahe das Küssen. Es gab nämlich zwei Regeln: Nur unverheiratete Frauen durften die jungen Naiven spielen, die am Ende in die Ehe und in den Bauernstand eingingen, und beim Küssen mußte mindestens ein Zeigefinger zwischen den Mündern Platz finden. Und weil meine Großmutter so hübsch war und bis auf einen schiefen und bräunlichen Schneidezahn tatsächlich aussah wie aus Hollywood, durfte sie sich durch eine lange Reihe an theaterbegabten Burschen fastküssen. Aber weil sie für sich etwas Besseres vorgesehen hatte als einen aus dem eigenen Dorf, verbot sie jedem einen Kuß, der den Anstandsfinger hätte verdrängen können. Für handfesteren Körperkontakt war übrigens der Samariterverein zuständig, und da ließ es sich meine Großmutter selten nehmen, sich vermeintlich oder wirklich in Atemnot befindende Kirchgänger oder Nachbarinnen zu einer unfreiwilligen Nacktvorstellung zu zwingen, indem sie ihnen kurzerhand die Kleider vom Leib riß.

Niemand ist je auf die Idee gekommen, meiner Großmutter die Kleider vom Leib zu reißen. Dazu trug sie ihre innere Krone der Reinheit allzu hochmütig. Und die ganze Männerriege konnte sich noch lange daran erinnern, wie überirdisch sie in ihrem letzten Schuljahr als Jugendfest-Helvetia ausgesehen hatte: das knielange dunkelblonde Haar in strengen Wellen, ein rotes Kleid aus dickem, golddurchwirktem Tuch und vor allem ein silberner Schild und ein Speer. Wie ein bewaffneter Engel hatte sie ausgesehen und keinen Schritt lang gelächelt, und als strenger, glitzernder Schrecken war sie in die Menschen gefahren, die in Sonntagstracht die Umzugsroute säumten.

Später wurde sie lieblich. Schnitt die Haare auf Schulterhöhe, steckte sie mit Hornkämmchen hinter die Ohren zurück und wickelte die langen Zöpfe sorgfältig in Papier. Weil sie hoffte, irgendwann, irgendwo auf der Welt eine dieser Frauen zu finden, deren Berufsbezeichnung sie nicht wußte, die aber gutes Geld für echte Haare bezahlten und für alte, reiche Damen Perücken anfertigten. »Plumassière« oder »Modiste« mußte sie immer denken, die hatten doch beide etwas mit Kopfschmuck zu tun, das Wort »Perückenmacherin« wäre ihr nie in den Sinn gekommen, denn die Sehnsucht meiner Großmutter hieß

Paris. Hieß wild sein wie die Folies Bergères, mit Federn auf dem Kopf Can-Can tanzen und mit Beinen, von denen man unanständig viel sehen konnte.
Wenn sie auf dem Abhang unter dem »Blick zur Heimat«, wo immer die Reden zum Nationalfeiertag am ersten August gehalten wurden, Heu auf den Wagen laden mußte, konnte man von ihren Beinen mehr sehen, so viel wußte sie schon. Aber die Beine der Pariser Tänzerinnen steckten nicht braungebrannt in Bergschuhen, sondern wuchsen zart und hell wie Wasserpflanzen aus feinen Schnürstiefeletten, und auf den Beinen war trotzdem nicht einfach nichts, da war ein Hauch von schwarzen Netzstrümpfen mit Strumpfbändern, durch die ein schmales rosa Glanzband gezogen war. Und die kleinen Metallklemmen, mit denen sich die Bänder der Korsagen an den Strumpfbändern festklemmen ließen, waren manchmal aus richtigem Gold mit Diamantsternen, wie sie Sisi einst im Haar getragen hatte. Und so endeten die Träumereien meiner Großmutter auch im jungen Frauenalter immer wieder bei der Monarchin. Dann leuchteten ihre Augen weich, sie zog sich die Lippen rasch durch die Zähne, zwickte sich in die Wangen, damit sie rot würden, und machte sich auf den Weg zu den Theaterabenden.
Am liebsten spielte sie in der »Tobelprinzessin«. Da war sie ein Waisenmädchen, das als Säugling von einem armen Bergbauern in einem Tobel gefunden

worden war. Als nasses Lumpenbündel, angespült vom Bach, dabei hätte sie doch ertrinken sollen, weil ihre Mutter ein armes, geschwängertes Luder war. Aus dem Waisenmädchen wurde natürlich eine wunderschöne junge Frau. Sie verliebte sich in den Sohn des Bergbauern und er sich in sie, aber weil sie sich für Bruder und Schwester hielten, sangen sie nur Lieder zusammen und küßten sich nicht einmal beinahe. Eines tages, bei der Arbeit im Garten, schrak das Waisenmädchen zusammen und rief: »Oh, den kleinen Blümlein ist so traurig zumut!« Da trat ein düsterer Wilderer hinter der Tannenkulisse hervor, wollte das reizende Kind entführen und hob an, den Bauernsohn zu verprügeln, doch dessen mit unwissender Liebe bewaffneter Arm siegte. Das war ähnlich wie in alten Rittersagen, wo die Helden mit einem Ärmel ihrer Angebeteten in die Schlacht zogen und in diesem Zeichen der Liebe siegten.

Meiner Großmutter hatte diese Idee vom Ärmel nie gefallen. Sie fand es dumm, die prächtigen Kleider der Burgfräulein derart zu zerstören und Nähte einzureißen, die sich schon ins Gewebe gefressen hatten wie gut verheilte Narben. In der »Tobelprinzessin« bestand sie daher darauf, daß dem Bauernburschen beim Kampf mit dem Wilderer nur eine Brusttasche abgerissen wurde, die sie selbst nach jeder Vorstellung grob mit Fadenschlag, aber trotzdem mit ebenmäßigen Stichen wieder anheftete.

Und immer, wenn sie sich hinter der Bühne über diese Hemdentasche beugte, das eine Fadenende ableckte und ins Nadelöhr einfädelte und das andere so lange über den Daumen rollte, bis ein wirrer winziger Knoten daran hängenblieb, kam eine gute warme Sehnsucht über sie. Eine Sehnsucht nach den abgerissenen Taschen eines eigenen Mannes. Ihre Wangen begannen ganz ohne Kniffe zu glühen, und sie sagte sich leise noch einmal die letzten Verse aus der »Tobelprinzessin« vor, wo nach dem Kampf der Bauer kommt und dem Waisenmädchen seine wahre Geschichte erzählt und daß sie seinen Buben schon lieben darf: »Freut euch der Jugend lustiger Stunden, wenn euch die Sonne strahlend lacht.«

Dann rannte meine Großmutter glutwangig in die kühlen Nächte, wo keine Sonne strahlte, aber viele kleine Sterne. Und sie dachte sich, daß die Sterne vielleicht lauter Sonnenspiegelchen wären, so wie der Mond auch nur ein Sonnenspiegel war, und daß sie die Splitter nur fleißig zusammenzusetzen bräuchte und in diesem Mosaik das Gesicht ihres künftigen Liebsten gespiegelt sähe.

Denn so dachte meine Großmutter am liebsten von der Liebe. Daß sie vom Himmel käme, schön und jäh, als Belohnung für ein gutes Leben und für immer. So dachte sie auch, als sie an einem dürftigen Februarnachmittag in der Fabrik saß und komplizierte Zierstickereien für Miederwaren machte, mit dichten Stichen vorgezeichnete Rosenblätter einfaßte, das Blattinnere mit einer Schere ausschnitt, die feiner war als die Nagelschere zu Hause und statt gewöhnlicher Griffe zwei goldene Kranichköpfe besaß. Das war beinahe wie in den großen Pariser Modeateliers, und schon waren ihre Gedanken bei diesem König, der doch gewiß auch in Paris gelebt und so viel von Mode verstanden hatte wie nie ein Mann vor und nach ihm und der sich Sonnenkönig genannt hatte. Genau so einen Sonnenkönig stellte sie sich dann als ihren Liebsten vor und wußte plötzlich, weshalb sie sein Gesicht immer in einem nächtlichen Sonnenspiegel gesucht hatte. Weil er recht eigentlich die Sonne selbst sein mußte, doch die war wirklich zu hell, um ihr mitten ins Gesicht zu blikken. An dieser Stelle schmerzte Verenas Rücken, die Augen auch, und sie hatte zwar gerade keine Angst vor dicken Beinen, aber vor einer dicken Brille und vor den Schwielen, die sich schon auf dem Rücken ihres Zeigefingers bildeten. Deshalb ließ sie das vom Handschweiß leicht bräunliche Tuch für einen Moment sinken, rieb sich die Hände, streckte den Rükken und stöhnte leise. Und wußte, daß sie wirklich eine Brille brauchte.

Im Traumnebel hatte sie nicht bemerkt, daß keine Maschine mehr ratterte, kein Dampf von nasser Wäsche unter dem Bügeleisen hervorzischte, keine kicherte. Weil Direktor Baumberger mit dem dicken

Bauch und der Zigarre durch die Reihen schritt. Direkt auf das Mädchen zu, das so frech gestöhnt hatte. Verena sah, wie er sich langsam in eine der großen, bläulich schimmernden Schmeißfliegen verwandelte, die immer über der Jauchegrube hingen. Meinte, er wolle ihr links und rechts mit seinen Flügeln um die Ohren hauen.

Doch dann stand er vor ihr, und nur das gute schottische Tuch hatte so blau geschimmert, er zog seine Taschenuhr hervor, sagte: »In einer Stunde in meinem Büro.«

Direktor Baumberger wußte ein paar Dinge über Verena Nyffenegger: daß ihr Vater in der Schuhfabrik arbeitete und seine Frau und die sieben Kinder nur ernähren konnte, weil er nebenbei Schweine züchtete und einen Schinken machte, der von Streifen weißen Fetts durchzogen war wie ein Abendhimmel mit langgezogenen Wolken. Und weil seine Frau das beste Blutwurst-Rezept im Tal kannte. Er konnte sich auch erinnern, daß Verena ein schwieriges Kind gewesen war, daß sie stundenlang schreiend durchs Dorf rannte, wenn sie meinte, ungerecht behandelt worden zu sein. Und das war bei ihr bald der Fall, denn eigentlich hielt sie sich für eine ausgesetzte Prinzessin.

Am meisten liebte sie das Märchen von der Gänsehirtin, die eine verkleidete Prinzessin ist. Das hatte ihm sein Sohn Karl erzählt, der mit Verena in der

Klasse gesessen hatte, bevor er in die Bezirksschule wechselte und sie in der Realschule sitzenbleiben mußte. Niemand im Dorf hatte dies verstanden, und niemanden hatte es gewundert, daß Verena an ihrem letzten Schultag um so stolzer und sehr böse als Helvetia am Jugendfest aufgetreten war. Das war vor zwei Jahren gewesen, und Direktor Baumberger hatte damals gedacht, daß Verena Nyffenegger einmal sehr schön werden würde. Jedenfalls wenn sie nicht lachte. Dann sah man nämlich diesen braungefärbten Schneidezahn, den nur richtige amerikanische Zahncrème weiß bekommen hätte. Aber sicher nicht die gesiebte Asche der Nyffeneggers.
Und jetzt war diese Verena Nyffenegger also bei ihm angestellt, war sogar seine beste Lochstickerin, und das tat ihm leid, denn Lochstickerei war zuwenig für ein Mädchen, das als Fünfjährige vor ihm gestanden hatte und fast geplatzt war vor Vergnügen, ihm das *ABC* und alle Zahlen von eins bis hundert so schnell und genau herunterzurattern wie eine Registrierkasse. Nach dem Sitzenbleiben war sie still geworden und geblieben bis auf die Theaterabende. Und viele Jahre später, als er mit seinen Enkelinnen im Kino saß und eine junge österreichische Schauspielerin anstaunte, die die schönsten Kostüme trug, die er je gesehen hatte, wußte er einmal mehr, daß an jenem Nachmittag, als er beschloß, Verena Nyffenegger künftig als Mannequin für seine Kleiderkataloge zu

beschäftigen, nicht nur sein mitleidiges Herz, sondern auch sein Gespür für gute Geschäfte entschieden hatte.
Verena klopfte und trat ein, mit hochroten Wangen, aber stolz. Weil es nichts zu verlieren gab außer den Tagen, nach denen sie sich die Hände mit Schweineschmalz einreiben und über die Nacht in Stoffhandschuhe packen mußte, damit die schmerzenden Fingergelenke warmgehalten wurden. Da stand sie, die Haare mit einem Band aus dem Gesicht gehalten, und ihr Gesicht war eine Spur einfältig vor Erwartung und mild wie das eines Krippenspielengels, aber das würden die Einkäufer aus der Stadt als ländlich frisch preisen. Daß die Oberlippe des ebenmäßigen Mündchens ein wenig zu schmal und streng geschnitten war, würde sich unter einem Hauch von Rouge verstecken lassen. Die Taille saß perfekt und schlank, die Hüften waren rund, und Direktor Baumberger dachte mit Freude und Überzeugung an seine Miederwarenprodukte, die den Frauen ihre Leibesmitte so ansehnlich zurechtrücken konnten.
Als Verena sein Büro wieder verließ, war ihr Gefühl zitronenfaltergelb wie das Kleid des Fräuleins auf dem McQueen-Werbeplakat. Sie wurde Mannequin, sie, das Mädchen, dessen Stern in die Jauchegrube gefallen war! Sie würde natürlich in der Fabrik bleiben, denn der Katalog des Herrn Baumberger füllte nicht so viele Seiten, daß sie das Jahr nur damit zu-

bringen konnte, statt auf die Nadeln in die Magnesiumblitze der Fotografen zu blicken. Aber sie würde auch jeden vierten Sonntagnachmittag mit den schönen Mädchen aus der Kantonshauptstadt auf der Terrasse der Direktorenvilla stehen, mit weißen Handschuhen unter großen Hüten anmutig Porzellantäßchen halten oder mit einem Kavalier und einem Fahrrad wie zufällig auf dem Feldweg vor dem Hügelwald stehenbleiben.

Und dann würden alle großen Bürgersdamen der Schweiz die Kataloge auf ihren Chaiselongues liegen haben, und wie zufällig würden die Kataloge die achtlos vorbeistreifenden jungen Herren am Ärmel kratzen, die Herren würden sich umdrehen, würden Verena sehen, die Schöne, deren Bild lebendig, deren Lächeln noch weicher und deren brauner Schneidezahn auf jeden Fall schneeweiß würde. Alle würden sie heiraten wollen, und sie könnte endlich das Leben führen, das ihr zustünde und das jetzt leider von Frauen ohne Verstand für Eleganz und Etikette wie Frau Direktor Baumberger oder ihre reiche Tante in Luzern geführt wurde.

Großmutter packt ihre Haare endlich in Eiercognac

Lange sollte es nicht dauern, bis sie beinahe so selbstverständlich in dieses andere Leben davongegangen wäre, wie andere Leute jeden Morgen in den Stall gingen oder in die Fabrik. Denn nach drei Monaten nahm Direktor Baumberger sein hübschestes Mädchen mit nach Basel an die Schweizer Mustermesse. An ihrem vierten Messemorgen setzte sich meine Großmutter an den winzigen Sekretär in ihrem Zimmer im Hotel Merian, blickte entzückt auf die Mittlere Brücke, die im Morgenlicht wie mit flüssigem Kalk übergossen war, auf die vielen Flaggen, die der Brücke entlang flatterten, und auf die farbigen Ziegel des Münsterdaches, die grün und rot aufglänzten. Und schrieb an ihren angebeteten Cousin Jakob, dem sie über alle Jahre in allerdings immer seltener werdenden Briefen treu geblieben war.

Basel, den 7. April 1937

Geschätzter Cousin Jakob

Weißt Du, ich bin jetzt eine Dame. Oh ja. Ich trage Schuhe, die so elegant sind, daß sie nicht aus der Fabrik, wo Vater arbeitet, kommen, sondern aus Italien. Damit gehe ich über weiche Teppiche und über glatt geschliffene Steinböden und vor allem über den Laufsteg. Der zieht sich wie ein riesiges S zwischen goldenen Stühlen mit grünen Samtpolstern hindurch und ist gerade so hoch, daß uns niemand aus dem Publikum unter die Röcke schauen kann. Das ist wichtig, denn wir tragen so zarte Strümpfe, daß man sie gar nicht sieht, nur ein leichter Glanz liegt auf den Beinen. Auch im Gesicht und auf dem Décolleté tragen wir so einen Glanz, von einem Puder aus Paris, der glitzert wie Rauhreif im Winter.

Dreimal am Tag gehen wir über den Laufsteg, sechs Mädchen sind wir, eine davon spricht nur französisch, und zwei Herren, von denen mir einer sehr gut gefällt, weil er Dir gleicht, wie Du vor einem Jahr den Wilderer in der »Tobelprinzessin« gespielt hast. Aber natürlich ist er hochgebildet, das sieht man an seinem modischen Schnurrbart, und ich wage nicht, ihn anzusprechen. Zudem faßt er immer nach unseren Auftritten den anderen Herrn zutraulich am Arm, und zusammen spazieren sie dem Rhein entlang.

Jakob, lieber Jakob, ich bin jetzt im richtigen Leben ange-

kommen. Das tut mir leid, denn ins Dorf möchte ich wirklich nicht mehr zurück. Aber Geld schicken werde ich Euch allen. Aus Paris, Mailand und Berlin. Oder ich heirate einen reichen Mann wie Herrn Merian Junior, der mich vorgestern in die Oper ausgeführt hat.

Ja, stell Dir vor, erst lag da ein Rosenbouquet in der Garderobe, drin steckte ein Kärtchen, darauf war eine einzelne Orchidee mit einem fremdartigen Schmetterling gezeichnet, und darunter stand in der feinsten Schrift, die ich je gesehen habe »Nach Maria Sibylla Merian, Surinam 1700«. Und in einer ähnlichen Schrift stand dabei: »Verehrtestes Fräulein Nyffenegger, würden Sie mir und meinem Bruder die Ehre erlauben, Sie als Gast in unserer Theaterloge empfangen zu dürfen? Wir hoffen, Sie mögen die Traviata. In tiefer Bewunderung, ergebenst, Ihr Paul Merian Junior.«

In einer Kutsche wurde ich vor dem Hotel abgeholt und zum Theater gefahren. Sogar die Pferde sind hier in Basel von besserer Statur als zu Hause, und ihr Zaumzeug muß wohl mehr kosten als die Eheringe von Vater und Mutter zusammen. Die freundliche Assistentin von Herrn Direktor Baumberger hatte mir heimlich das Abendkleid aus blauem Taft aus der Messegarderobe geschmuggelt und mir ihre Perlenkette geliehen, und damit saß ich in der Equipage und war keine Fabrikarbeitertochter mehr, sondern das Aschenbrödel auf seiner Fahrt zum Ball des Prinzen. Und vielleicht würde ja Herr Paul Merian Junior genau dieser Prinz sein.

Doch dann war er weder jung noch schön, sondern sah aus wie eine alt gewordene Kaulquappe. Mit einem weißen, aufgedunsenen Gesicht, ich glaube fast, auch Wasserleichen haben solche Gesichter, mit muskellosen Wurstfingern, in die sich ein paar dicke Goldringe eingegraben hatten. Wehmütig dachte ich an Deine braunen, kräftigen Landwirtschaftlerhände und versuchte, wenigstens die Oper zu genießen. Doch auch da waren die Menschen nicht schön, sondern sahen aus wie Riesenschwämme, und als die Violetta, so hieß nämlich die Hauptrolle, obwohl sie nie ein violettes Kleid tragen durfte, das erste Mal zu ihren wahnsinnig hohen Tönen ansetzte, habe ich vor lauter Schreck einen kleinen Schrei in meine blauen Handschuhe ausstoßen müssen.
Die Merians fanden meinen Schrecken überaus amüsant, lächelten und sagten: »Ganz das kleine Landmädchen.«
»Besser Land- als Ladenmädchen«, hörte ich den Bruder von Paul Merian Junior kichern, und: »Wie lange es dieses Mal wohl dauern wird, bis die reizende Naive deine Früchte trägt?«
Und seine Begleiterin, eine böse geschminkte Dame, sagte: »Aber Landmädchen pflegen das doch jeweils schnell mit einem Stricknadelstich zu erledigen.«
Ich verstand nicht genau, wovon die Rede war, aber sehr wohl, daß sie mich hier als eine geringe Gespielin für Herrn Paul Merian Junior erachteten. Deshalb setzte ich ein so hochmütiges Gesicht auf, wie ich es seit der Helvetia nicht mehr nötig gehabt hatte und sagte: »Madame, ich

weiß nicht, wovon Sie sprechen, doch ich weiß, daß mir diese Gesellschaft, dieses Gesinge und die seltsamen Getränke Übelkeit verursachen. Ich bitte darum, Abschied nehmen zu dürfen, merci.«
Am nächsten Tag hatte sich die kleine Geschichte wohl bereits über Basel ausgebreitet, denn Herr Direktor Baumberger schloß mich in seine Arme und sagte: »Kind, daß du dich nie mehr auf solche Leute einläßt«, und mein Garderobentisch war plötzlich überflutet von weißen Lilien, zartrosa Kamelien und Billetten mit den Worten: »Der reinen und wahren Unschuld vom Land« und »Einem unbestechlichen Engel«.
Jakob, ich glaube, ich bin eine Heldin.

Es grüßt Dich Deine stolze und schöne Cousine Verena

Was Verena in ihrem Brief allerdings nicht erwähnte, war ihr Mißgeschick mit der Haarkur. Denn als sie in Basel angekommen war, hatte Direktor Baumberger sie auf Rechnung der Firma in einen Schönheitssalon geschickt. Nachdem sie genug über das Salonfräulein gestaunt hatte, dessen weißes Schürzenkleid sich so glatt über die Hüften spannte, als wäre es dem Fräulein auf den Leib genäht, nahm sie allen Mut zusammen und sagte: »Ich möchte gerne eine Haarpackung wie die Sisi.«
Meine Großmutter hatte Glück, denn das hübsche Salonfräulein kam nicht aus Basel, sondern war eine

Zugewanderte aus dem nahe gelegenen Fricktal. Dieses war ein Gebiet, das außer Kirschbäumen und Kirschwasser nichts Besonderes hervorbrachte, das aber bis zum Ende der Regentschaft von Maria Theresia zu Österreich gehört hatte und dann wegen allzu geringer landwirtschaftlicher und industrieller Gewinne an die Schweiz abgestoßen worden war. Und wenn alte Fricktaler ihre Dörfer verließen und über die Bezirksgrenzen gingen, so sagten sie mit grimmiger Verachtung: »Gehen wir also in die Schweiz hinunter.«

Der Vater des Salonfräuleins gehörte zu diesen alten Aristokratiesehnsüchtlingen, und sie selbst träumte oft genug von jener Zeit, den Schlössern, die noch alle gebaut worden wären, besuchte die bereits gebauten Kirchen und betete, daß die alte Herrschaft wiederkommen möge. Natürlich wußte sie genau Bescheid über die Damen am Hofe zu Wien, und deshalb gingen in ihrem Gesicht hunderttausend Kerzenflämmchen auf, als meine Großmutter ihren Wunsch kundtat. Schnell holte sie den Geldbeutel aus ihrem Spind und ging persönlich frische Eier und eine kleine Flasche Cognac kaufen.

Sie packte die Haare meiner Großmutter erst in die gelbe Paste, dann in ein warmes, feuchtes Tuch, und dann begann der Schrecken. Meine Großmutter hatte einmal gelesen, daß die russischen Mongolen eine besonders gräßliche Todesstrafe kannten. Erst graben sie die gefesselten Gefangenen bis zum Hals im Boden ein, dann scheren sie ihnen die Köpfe kahl, bedecken sie mit einer frischen, noch blutigen Tierhaut und reiten davon. In der Steppensonne dörrt die Tierhaut allmählich aus, wenn nicht schon Geier gekommen sind, die den Eingegrabenen durch die Häute hindurch mit ihren Schnäbeln die Schädeldecke zertrümmert und das Gehirn herausgefressen haben. An der Sonne also ziehen sich die Häute zusammen, werden härter als getrockneter Lehm und zerquetschen den Gefangenen langsam die Köpfe.

Dies stellte sich meine Großmutter gerade lebhaft vor, als die Eier sachte anfingen, am Haaransatz einzukrusten. Meine Großmutter schrie in Todesangst, viel mehr noch als Tage später in der Oper, riß sich den Turban vom Kopf, rannte vorbei an dem erschrockenen Fräulein und aus dem Salon, bog mit einem Kopf voll gelber Stacheln in den abfallenden Weg, der neben dem Salon zum Fluß herunterführte und stürzte sich immer noch schreiend, aber mit einem vollendeten Damenriegensprung in den Rhein.

Im Himmel würde ich mit Großmutter Schneewittchen spielen

Fünfzehn Jahre nach einem schmutzigen Märztag, als sich meine Großmutter mit einem gelblichen Pergamentgesicht und in ein weißes Nachthemd gekleidet verabschiedet hat, stehe ich vor ihrem Grabstein. Es ist ein einfacher Stein, der sich nicht mit den Gräbern großer Frauen messen kann. Nicht mit dem Grab der kleinen Russin Marie Bashkirtseff zum Beispiel, die das größte Mausoleum von Paris besitzt. Auch die Beerdigung meiner Großmutter war keineswegs wie Maries Beerdigung. Es war nämlich ein schneeweißer Trauerzug, der die fünfundzwanzigjährige Marie Bashkirtseff zum Friedhof Passy begleitete, weiß die Livreen der Lakaien, weiß die Schabracken der Pferde, weiß der Sarg und die Samtdecke, in der die junge Leiche ruhte, weiß die vielen tausend Blumen. Und auch die Todesanzeige, die wir für Großmutter mit einem doppelten schwarzen Rand in die Zeitung setzen ließen, kann es nicht damit aufnehmen, wie die Pariser Presse am 1. November 1884 die junge Nachfahrin der Romanoffs verabschiedete:

Wir melden den Tod eines jungen Mädchens, Mademoiselle Bashkirtseff, die durch einige künstlerische Erfolge bekannt wurde. Mademoiselle Bashkirtseff besaß nicht weniger als zweihunderttausend Francs Rente. Sie wollte gerade heiraten, als ihr Verlobter sich nicht mehr sehen ließ. Ins Herz getroffen, versuchte sie nach dessen Rückzug, sich durch ihr Talent einen Namen zu machen. Eines Morgens, als sie im Freien malte, hat sie sich erkältet. Sie ist innerhalb von vierzehn Tagen gestorben. Sie tat den letzten Atemzug in dem Augenblick, als ihre Tante zwei Millionen flüssigmachte, um ihr eine herrliche Stadtvilla mit Atelier bauen zu lassen. Es wird befürchtet, daß ihre Mutter vor Schmerz den Verstand verliert.

Das Grab meiner Großmutter, über deren Tod niemand den Verstand verloren hat, liegt dafür fast immer an der Sonne, ist warm und trocken wie Großmutters Hände, und winzige Eidechsen dösen auf den steinernen Kreuzbalken. Ich zupfe braune Blättchen aus dem runden Buchs und denke, daß Marie und meine Großmutter doch beide gleich gestorben sind. Eines Tages nämlich kam ihnen keine Luft mehr in die angegriffene Lunge, und so starben sie sehr ähnlich wie die Kameliendame aus Paris. Und wenn ich jetzt alle Erde von Großmutters Sarg schaufelte, so fände sich darunter noch weniger, als der Liebhaber der Kame-

liendame drei Wochen nach deren Tod gefunden hatte.
Ein großes, weißes Linnen hatte damals den Körper von Marguerite Gautier, der schönsten Hure von Paris, bedeckt. An einer Ecke war das Tuch zerfallen und ließ einen moosig-grünlichen Fuß hervorsehen. Der Totengräber streckte die Hand aus und entblößte mit einem Griff das Gesicht Marguerites. Die Augen waren in zwei Löcher gefallen, die roten Lippen bis aufs Kinn hinunter und fast zur Nasenscheidewand hin abgefressen. Die langen, schwarzen Haare klebten wie halbtrockener Tang an den Schläfen und verdeckten die violetten Höhlungen der Wangen.
Großmütterchen, Großmütterchen, was waren deine Wangen einmal schön. So voll, so weiß wie der Mondkreis im Schnee. Und wenn du schliefst, so stellte ich mir vor, du wärest tot, und legte mich zu dir und betete zum lieben Gott, daß er mich mit dir zu sich nähme. Dann wären wir auf alle Ewigkeit zusammen und spielten unser Lieblingsspiel, das hieße »Schneewittchen«, im Himmel wie einst auf Erden. Ich wäre das liebliche Kind und du die böse Königin, die sieben Zwerge, mein Prinz und vor allem mein Pferd, auf dem ich nach der Vermählung davongaloppierte.
Auch Bücher fänden sich im Himmel, mit vielen Bildern, und da wäre unser Märchen auch dabei, und

wir stellten uns vor den riesigen Spiegel, vor dem sich die Jungfrau Maria jeden Morgen die Flammenkrone aufs Haar setzt, du müßtest fragen: »Spieglein, Spieglein an der Wand, wer ist die Schönste im ganzen Land?«

Und das Spieglein würde antworten: »Großmütterchen, Ihr seid die Schönste hier, aber Schneewittchen über den Bergen, bei den sieben Zwergen, ist noch tausendmal schöner als Ihr.«

Dann würden wir nach den Bilderbüchern üben, wie Schneewittchen im Sarg liegt, die Königin sich in den glühenden Eisenschuhen zu Tode tanzt, und meines Prinzen Pferd den langen Hals bis zu den Zwergen hinunterbeugt.

Und bevor wir uns neben Marie und Marguerite in die Himmelbetten zum Schlafen legten, würde ich mich an dich schmiegen, dir schwören, daß ich mir jede Nacht ohne dich gewünscht hätte, mein Bett bekäme große Engelsflügel und würde am Morgen vor deinem Fenster auf der Primelwiese stehen. Und du würdest mir, Marie und Marguerite meine Lieblingsstelle aus unserem Spielmärchen noch einmal leise erzählen:

Nun lag das Schneewittchen lange Zeit in dem Sarg und verweste nicht, sondern sah aus, als wenn es schliefe, denn es war noch so weiß als Schnee, so rot als Blut, und so schwarzhaarig wie Ebenholz. Es geschah aber, daß ein

Königssohn in den Wald geriet und zu dem Zwergenhaus kam, da zu übernachten. Er sah auf dem Berg den Sarg und das schöne Schneewittchen darin und las, was mit goldenen Buchstaben darauf geschrieben war. Da sprach er zu den Zwergen: »Laßt mir den Sarg, ich will euch geben, was ihr dafür haben wollt.«
Aber die Zwerge antworteten: »Wir geben ihn nicht um alles Gold in der Welt.«
Da sprach er: »So schenkt mir ihn, denn ich kann nicht leben, ohne Schneewittchen zu sehen, ich will es ehren und hochachten, wie mein Liebstes.«

Großmütterchen, Großmütterchen, siehst du in deinem Himmel, daß sich Regen aus Osten über unsere Hügel senkt wie ein Leichenlinnen? Als wollte er mich auf deinem Grab zudecken, sanft und schwer, zu dir hinabschwemmen gar, und ich käme dann auf deinen warmen Bauch zu sitzen wie einst als kleines Mädchen. So denk dir doch, daß einer uns auch noch grad so als Leichen lieben könnt, bis in alle Ewigkeit. Stell dir vor, daß einer wie Clemens nicht leben könnte, ohne mich neben sich im Sarg liegen zu haben, vor Fäulnis durch ein Zaubergift geschützt und schöner, als ich im Leben je gewesen bin.

Clemens und ich bauen Vereinbarungen und eine Schulterbrücke

Lieber guter alter Gott«, flehe ich, »laß mir Clemens! Gib ihn mir einfach wieder! Laß ihn mich in meine Musenvitrine stellen, hinter Glas, daß er keinen Staub ansetzt und daß er bei mir ist, wenn mir die Welt zu nahe gerät, und neben mir schläft und meine Hand hält wie ein Bruder, wenn mich die Liebe wieder einmal ausgespien hat. Laß ihn mir einfach so.«

Dann spaziere ich dem Fluß entlang bis zu dem Café, wo ich mich tatsächlich mit Clemens verabredet habe. Vor Einbruch der Dunkelheit und nüchtern. Aus dem roten Regenschirmdach über meinem Kopf fallen rote Erinnerungen: mein Haar auf seinem Kissen, sein Mund, die Liebesmale auf meinem Hals und all das Blut.

Woher das Blut kam, wußten wir damals lange nicht. Erst meinte ich, die kaum verheilte Wunde auf meinem Scheitel wär wieder aufgeplatzt, doch tat mir nichts weh. Das Blut leuchtete hell und schmeckte nach Salz und frischen Eisenspänen.

Dann merkten wir, daß es seine Nase war, die meine Brust langsam mit roten Rinnsalen verzierte. Clemens ließ das Blut tropfen und zeichnete mit seinem Finger einen Purpurpanzer auf meinen Bauch. Am nächsten Morgen waren wir vollkommen zusammengetrocknet, zu einem Liebesbrot, sagte er, und wie eines der alten Kugelwesen torkelten wir nackt über den Hotelflur in die Etagendusche, spülten die braunen Krusten weg und liebten uns von neuem.
Jetzt stehen wir uns gegenüber, und wie wir uns in die sehr blauen Augen schauen, vergessen wir, daß es zwischen uns einmal eine Unmöglichkeit gab, eine betrogene Dritte und einen Krieg. Clemens fragt mich, ob ich es auch kaum ausgehalten habe in dem nie mehr ganz richtigen Leben ohne einander. Und wir küssen uns wie vereinbart nicht mehr.
Mein Gott, weshalb hast du ihn so schön gemacht, fährt es mir durchs Herz, auch wenn sein Gesicht von braunem Schorf überzogen ist, aus dem feine schwarze Fadenenden wie Fliegenbeine hervorstechen.
»Süße lebende Legende«, spotte ich, »wer kam denn plötzlich auf die Idee, dich zu verprügeln?«
»Hab bloß gesoffen«, murmelt er, »und dann bin ich im Spital wieder aufgewacht und war schon genäht.«
»Oh«, sage ich, »Fäden zu ziehen tut übrigens sehr weh, besonders aus der Oberlippe.«
So nah ist er, so nah, und lebendig durchfährt es

mich, doch kann ich ihn jetzt nicht an der Hand nehmen, sagen, laß uns einfach laufen, bis wir endlich am Ende der Welt angekommen sind und zusammen einen Blick in die Ewigkeit tun können.
»Komm, wir fahren jetzt so nah zum Himmel wie möglich«, sagt er, und ich denke, daß das jetzt aber nicht sein könne, daß die Zeit des geteilten Himmels vorbei und er ein Scheusal sei, mich an so etwas wie Seligkeit zu erinnern. Doch da stehen wir bereits unter dem Riesenrad, ich lege den Kopf zurück und muß lachen – nicht weil ich glücklich wäre, oh nein, in meinem Herzen kauern sich lauter kleine, wimmernde Tiere zum Sterben nieder –, sondern weil da noch immer die Leuchtschrift der Unfallversicherung mitten im Riesenrad klebt.
Er blickt in mein zurückgelehntes Gesicht, ich erinnere mich, daß es vor einem Jahr genau diese Pose war, die ihm sagte: Jetzt sollst du mich küssen, und wie er mich küßte, wie wir uns ineinander wanden und einander begehrten, als wären wir die letzten Menschen auf der Welt. Wie wir gemeinsam stolz wurden wie ein Königspaar und uns zu den andern nur noch mit einem zerstreuten Lächeln hinunterbeugen konnten.
Mon âme, mon amour, ma vie, denke ich. Das könnte ich natürlich auch auf deutsch denken – meine Seele, meine Liebe, mein Leben –, doch französisch klingt es poetischer. Auf deutsch denke ich lieber: Mein Lieb,

mein Lieb, mein Leben. Und dann klettern wir zusammen in eine der Holzkabinen, fahren hoch über die Stadt, doch oben ist es grau und verschlossen. Früher war unser Himmel nie abweisend gewesen, sondern immer so blau wie an jenem Morgen, an dem ich mit Entsetzen lernte, daß ich Clemens liebte.
Ich war die Nacht über bei ihm geblieben, der Morgen war friedlich, die Sonne schien, er kochte Kaffee und fütterte mich mit Keksen. Dann rannte ich zur Straßenbahn, mein Kleid war so hellgrün wie der Sommermorgen, mir war leichtmütig wie lange nicht mehr, so einfach war alles, und bald würde ich ihn verlassen. Würde sagen, mein Herr, ich brauche neue Lüste, aber Sie waren sehr charmant, merci. Doch als ich das Büro betrat, stand da die Telefonistin, bleich und mit geschwollenen Augen, sagte: »Der alte Mann ist gestorben. Ganz alleine. Vor drei Tagen. Wir haben die Wohnung mit der Polizei zusammen aufgebrochen.«
Vor mir fiel der Sommermorgen zusammen, ich dachte, vielleicht sterben er und ich auch einmal so einsam wie dieser alte Mann, nur von unserem Müllkokon nicht ausgestoßen, ohne voneinander zu wissen, ohne uns zu vermissen. Einfach vergessen gegangen. Meine Knie gaben nach, die Augen auch, ich sagte: »Gut, ich fahr wieder zu Clemens zurück und erzähl's ihm, der alte Mann war schließlich sein einziger Freund hier.«

Ich verfluchte mein fröhliches Kleid und daß er mir überrascht entgegenlachte und so ahnungslos fragte: »Was machst denn du für ein Gesicht?«

»Der alte Mann ist tot.«

»Das meinst du nicht ernst.«

»Doch. Seit drei Tagen.«

Er rannte in sein Schlafzimmer, ans Fenster, weinte und schrie leise und wund. Mein Gott, mein Gott, weshalb tust du ihm diesen Kummer an? fluchte ich. Und ich ging auf ihn zu, im Zimmer flackerte noch immer eine rote Grableuchte, flackerte vergebens gegen die ungerührte Sonne. Ich stellte mich hinter ihn, nahm ihn in die Arme, umschlang ihn grün, als wäre plötzlich ein Stück Sommer in sein Zimmer gewachsen. Er klammerte sich an meine Hände und sagte kein Wort. Gegenüber leuchtete eine einzige Rose aus einem Busch, leuchtete so grell, daß es mir mit einem glühendroten Schnitt mitten durchs Herz fuhr, und ich wußte, daß dies ein Moment war für alle Ewigkeit. Und daß ich ihn liebte.

Jetzt ist da keine Liebe mehr und keine Sonne, nur noch Clemens auf dem Riesenrad, mit den Blutkrusten im Gesicht und dem roten Regenschirm. Auch meine Augen sind nicht mehr so blau wie der Himmel damals, ich weiß es und will mich am liebsten ins Dunkel flüchten.

»Komm, wir gehen auf den Berg«, sage ich, »dort

riecht es wenigstens gut. Nach Wald und nicht nach Kohleheizungen in feuchten Häusern.«

»Ja«, sagt er und ist verstimmt, »dort riecht es nicht wie bei mir zu Hause.«

Oben auf dem Berg ist die Dämmerung mit uns zusammen da, ich stelle mich auf die Aussichtsrampe und blicke auf die Stadt hinunter.

»Hinter jedem dieser Glutpünktchen dort unten verbirgt sich jetzt vielleicht gerade so ein wildes Schlächterglück wie bei uns«, sage ich und schäme mich, weil ich schon wieder eine Oper in mir aufsteigen spüre.

»Oder nur einer wie ich«, sagt er, »dessen Wohnung schlecht riecht, der noch nie gewußt hat, wohin er gehen soll, und dessen Mutter nachts weint, weil sie nicht verstehen kann, wie ihr erwachsener Sohn so ein Verlierer geworden ist.«

»Aber deshalb hab ich dich doch einmal so sehr geliebt«, sage ich verwundert, »was soll denn anders sein an dir?«

»Weißt du«, sagt er, »du hast mich mit deinen vielen Träumen aufgefüllt wie einen leeren Koffer. Von ihnen haben wir damals beide recht gut gelebt.«

Ich halte meinem Herzen voller Angst die Ohren zu, doch Clemens redet einfach weiter. Redet auch von jenem letzten Tag, als wir einander in der Bar mit den tausend Weckern gegenübergesessen hatten, erzählt, wie ich ihm seine Zigarette sacht aus dem Mund nahm und schnell auf der Innenseite meines Handgelenks ausdrückte. Wie er meine böse Hand wegschlug, wie ich zusammenbrach, wie die tausend Wecker schrillten, daß unsere Zeit jetzt totgelaufen sei. Wie wir dann beide auf der Straße standen und in ihm seien nur noch Lähmung und Verzweiflung gewesen, als hätte man ihm sein Lebendigstes weggeschnitten. Und wie er in sein dunkles, leeres Zimmer geflohen sei, wo nichts lebte als der Müll.

Und wie er das sagt und noch mehr, nämlich daß ihm sein Herz fast aus dem Leib fällt vor Schwere, ist es Nacht geworden, und ich kann ihn nicht mehr sehen. »Hilf mir«, keuche ich, denn im Unterholz habe ich etwas Sperriges gefunden, das tatsächlich ein Koffer ist. Dann rutsche ich aus, greife hinter mich, falle in ein Brombeergestrüpp und kann endlich weinen. Weil ich ihn so sehr liebe. Weil ich mein Leben dafür geben möchte, noch drei Tage lang als winziges Fliegenbein in seinem Schorf zu stecken.

Clemens greift nach meinen Händen, leckt sie mit seiner Zunge sauber, schmeckt mein Blut und lächelt erlöst. Und ich möchte ihn mit diesen schmerzenden Händen anfassen, meine winzigen Wunden auf die Male in seinem Gesicht pressen, endlich wieder mit ihm zusammenwachsen.

Doch weil es jetzt eine Vereinbarung gibt, weil jetzt

das Wort Liebesbrot nur noch altbacken klingt, versuche ich mich abzulenken, setze ein lebendiges Gesicht auf und sage: »Wenn in dem Koffer Leichenteile sind?«
»Ja, vielleicht eine Herzgegend«, sagt er, und ich knie mich auf den Koffer und lasse die angerosteten Schlösser ohne Mühe aufschnappen.
Im Koffer liegen eine schäbige Häkeldecke und ein dünner, alter Schlafsack. Ich stelle mir vor, wie wir uns beide damit einrichten, keusch und ruhig nebeneinander einschlafen wie Tristan und Isolde in der Waldhütte, die gegen die Begehrlichkeit ein Schwert zwischen sich liegen hatten, und wie Clemens meine verwundete Hand in seiner halten würde. Doch die Decken riechen nach feuchtem Tier, und weil Clemens weiß, daß mir dieser Geruch den Atem abschneidet, sagt er schnell und erleichtert: »Auch mit diesem Fund können wir nicht hier draußen schlafen. Laß uns gehen.«
Nach Stunden stehen wir wieder unten in der Stadt. Der Himmel ist wieder offen, und wir stehen da, ohne Blut und Tränen. Und ohne Küsse. Nur mit vier trockenen Händen, die über Kreuz naheinander greifen. Die ersten Straßenbahnen rattern schon in verschiedene Richtungen auseinander, ich sage: »So bleiben wir jetzt aber ein Leben lang.«
Wir glauben uns gegenseitig die Ruhe, lehnen uns aneinander, ich stelle mich auf die Zehenspitzen,

und zwischen uns hängt eine Schulterbrücke, als hätte uns jemand aus einem gefalteten Stück Papier ausgeschnitten. So horchen wir eine Weile lang in den frühsten gemeinsamen Morgen hinein, den wir je erlebt haben.

Ich entdecke mit viel Zuneigung einen jungen Dichter

In Worpswede stehen Häuser. In einem hat Rilke gewohnt, in einem andern Paula Modersohn, im dritten ist der junge Dichter zur Welt gekommen. Mein österreichischer Liebhaber hat ihn für die Welt des Boulevards entdeckt. Er fuhr nach Worpswede, mit einem Kleinbus voller Designer-Anzüge, einer Stylistin und einem Fotografen. Um sechs Uhr früh, als der Nebel noch wattig in den Bäumen hing, stellten sie den Dichter barfuß und in zerknittertem Leinen an den Rand des Moors, die Stylistin fuhr ihm so lange mit ihrer gelierten Hand durchs halblange Haar, bis dieses natürlich naß und zerzaust wie nach einem langen Nebelspaziergang am Kopf klebte. Der junge Dichter blickte verwirrt in irgendeine Ferne.

Und so sah ich ihn zum ersten Mal, vor einem Jahr in München, in der Redaktion meines Liebhabers. Der Dichter lag auf dem Tisch der Bildredakteurin, neben einer Prinzessin, der mit Tipp-Ex und Bleistift ein falsches Perlencollier um den Hals gemalt wurde. Mein Liebhaber hatte sich aus seinen Werken no-

tiert: »Man müßte einmal leben. Erblinden. Nichts mehr sehen. Nie mehr. Aber wissen: Es war.«
Ich streichelte dem jungen Dichter in Gedanken die klebrigen Haarsträhnen aus dem Gesicht und las dazu den Text meines Liebhabers.

Sein Name liegt zwischen dem Erzengel Michael und dem, was die Berliner Mauer einst für den bedauernswerten Ostler bedeutete: Michael Westwall. Für unser Foto-Shooting flog der gebürtige Worpsweder, der seit vielen Jahren in Berlin lebt und seit seinem Debüt im letzten Frühjahr als neuer Geheimtip der gehobenen Literaturszene Deutschlands gilt, in sein Heimatstädtchen.
Weltschmerz webt über Worpswede. Erlkönigs Töchter tanzen über dem Moor. Der Nebel steigt nur langsam. Im Produktionsbus wird Michael Westwall frisiert. »Es ist schön, einmal Model zu sein. Alles dreht sich nur um dich«, sagt er und genießt es, von Visagistin Dagmar in einen modernen Moorgeist verwandelt zu werden. Gekonnt posiert er später vor der Kamera: melancholisch, verführerisch und geheimnisvoll.
Seine besten Einfälle hat Michael Westwall im »Paradies«, wie er die für ihn überirdisch schöne Landschaft von Worpswede nennt: »Vor dieser Weite verliert jeder Alltagsärger seine Wichtigkeit.«
Auf dem weichen Torfboden seiner Heimat kommt der Schriftsteller ins Sinnieren. Er nimmt einen Schluck Lindenblütentee und sieht zu Genoveva hinüber. Das Schaf

schaut drein wie immer: satt und zufrieden. Das Tier wurde von Vater Andreas aus Stein gehauen.
Gerade brütet Michael Westwall über dem Vorwort für ein »Jahrhundertbuch« des deutschen PEN-Clubs. Außer ihm haben noch Handke, Walser und Grass die Ehre.
Michael Westwall ist ein Familienmensch. »Sie haben mir die Freiheit geschenkt, zu mir selbst zu finden«, sagt er, und wenn er von seinen Angehörigen erzählt, so merkt man, daß seine großen Dichtungen immer wieder in diesen kleinen Geschichten keimen. Zum Beispiel, wenn er zur Westwall-Variante der »Drei Schwestern« anhebt: »Als kleiner Junge hatte ich eine Menge junger Tanten in meinem Dorf und drei etwas ältere Großtanten. Die Großtanten gehören alle zu meiner Mutter. Sie sind heute nicht nur richtig alt, sondern auch alte Jungfern und leben immer noch zusammen in einem hübschen kleinen Haus am Waldsaum des Weyerbergs. Sie heißen Tante Rosa, Tante Rosemarie und Tante Rosine. Die eine kann nähen, die andere kochen, die dritte schöne Dinge denken, singen und sagen. Ich glaube, so miteinander sind sie ganz glücklich.«
Michael Westwall, dessen gesammelte Kolumnen zu seinem zweiunddreißigsten Geburtstag im Worpsweder Gutshof-Verlag erscheinen, hat noch viel vor im Leben. »Ich leide unter unheilbarem Zeitmangel.« Sein Arbeitsmotto hat Michael Westwall vom genialen russischen Dichter Boris Pasternak. »Man muß nie dagewesene Dinge schreiben, Entdeckungen machen, damit das Unerhörte geschaffen wird, das nämlich ist Leben, alles andere ist Unfug.«

Außerdem ist er davon überzeugt, »daß nur der lange lebt, der sich zu Tode arbeitet«.

Der junge Dichter ist übers Jahr mein Freund geworden. Gerade sitzen wir uns im Berliner Frühling gegenüber, im Café Einstein, betrachten uns zufrieden in den verspiegelten Wänden, und Michael Westwall sagt: »Weißt du, es ist unheimlich schwer, nein sagen zu lernen.«
»Unheimlich«, nicke ich, dann nicken wir uns klug, melancholisch und geheimnisvoll zu über den Kaffeetassen, ich frage: »Warst du neulich in Worpswede?«
»Ach, Worpswede, nein, alle wollten mich in den letzten Wochen, alle, und ich hätt doch am liebsten nur Worpswede gewollt. Weißt du, ich sitze dort im Glück, tief und sanft, und das Leben umweht mich süß. Es ist mir alles wie ein Traum, und ich glaube, die Tage, wie ich sie dort verbringe, blühen den wenigsten auf der Welt. Und wenn ich dort war, so gehe ich in die Welt zurück und bin jung und ein Segen. Und du, du lebst dort auch schon, ich habe meiner Mutter nämlich das Porträt geschickt, das du geschrieben hast. Sie liebt es, und der Verlag will es als Vorwort zu meinem nächsten Buch drucken.«
»Schön, dann gehen wir jetzt im Schloßpark spazieren«, sage ich, denn dazu habe ich schließlich einen jungen Dichter aus Worpswede, daß er mit mir im

Park von Schloß Charlottenburg spaziert und seine schönen Sätze aufsagt.
»Aber ich muß mir doch einen Computer kaufen«, sagt Michael Westwall verwundert, »ich dachte, wir gehen in die neue Einkaufspassage am Potsdamer Platz?«
»Gut, wenigstens eine Passage«, sage ich und denke kurz an Paris und an Baudelaire, über dessen häßliche Geliebte Michael einmal geschrieben hatte. Wir fahren zum Potsdamer Platz, es ist schon dunkel, ich führe Michael vorsichtig und schnell über die schmalen, auf dem Wasser liegenden Straßen, führe ihn in die Mitte der neuen Insel, vorbei an meterhohen Betonwellen und undicht zusammengefügten Glasblöcken, in denen Menschen sitzen und frieren wie im Palast der Schneekönigin. Michael ruft: »Nein, wie riesig!« und »Genau das habe ich in meinem neuen Buch beschrieben. Ohne es je gesehen zu haben!«
Ich sage: »Ja, Michael, du bist schon ein Guter«, stelle ihn am Marlene-Dietrich-Platz vor die Wassertreppe und möchte gehen.
»Ich muß mal«, sagt er kleinlaut, ich fasse ihn am Arm, im Imax-Gebäude besteigen wir den Lift, fahren in den Stock mit den Toiletten, die Lifttüre öffnet sich, und vor uns liegt der Sternenhimmel. Doch Michael sieht nur ein grünes Zeichen und rennt los. Und ich weiß, daß ich alleine bin mit

meinem Kinderglück über die vielen Lichtpunkte, die durch den schwarzen Granitboden brechen und glitzern, als hielte man ein Stück Moos über eine Glühbirne.

Worpsweder Traumgespräch über die Appetitlichkeit von Wasserleichen

Im Traum fahre ich nach Worpswede, weiß, Michael ist da und probt mit einer Theatertruppe sein neues Stück. Er übt in einem großen alten Kuhstall, das geknickte Strohdach reicht fast bis zur Erde, die mit Riegelwerk durchzogenen Backsteinmauern leuchten mir entgegen wie ein Stück Herbstwald.

Daneben steht ein grauer, verwitterter Kuhstall, zu dem renne ich und streichle seine kranken Steine. Auch seine Tür ist grau, das Holz seit hundert Jahren nicht gestrichen, wie Bast hängen lange, vom Wetter dünngezauste Faserstreifen an ihr hinunter, doch die Klinke schmiegt sich wie ein Tierkopf in meine Hand, ich trete ein, weiß, daß mir hier nichts geschehen kann, weil die Worte des Dichters ja als Segen über dem Ort ruhen, und steige die Treppe hinauf. Oben steht Clemens.

In meinem Herzen richtet sich ein in den Boden gestampftes Hälmchen wieder auf, reckt sich in die blaue Luft, ich sage: »Gut, daß ich dich hier sehe. Ich

muß endlich wissen, ob du mich auch lieben würdest, wenn ich eine Leiche wäre.«
»Prinzessin, Prinzessin«, seufzt Clemens, »die Zeit der Ritter ist vorbei. Natürlich würde ich als aufrichtig trauernder Witwer an deinem Grab weinen, dir deine blöden Lilien hinunterwerfen und noch ein halbes Jahr lang sentimental werden.«
Ja, denke ich, wie bei dem alten Mann, der doch sein bester Freund war und den er jetzt fast vergessen hat, und an dieser Stelle könnte ich den Traum wieder verlassen.
»Aber angenommen, ich hätte mich aus Liebe zu dir getötet, weißt du, wie die Julia, die Isolde oder Elaine von Shalott, dann würde doch wenigstens das blonde Gift einsehen, daß keine dich so sehr geliebt hat wie ich, auch, daß ich dich in weltliterarischen Dimensionen geliebt habe.«
»Das blonde Gift fände dich dann höchstens doof, und Elaine von Shalott, mon Dieu! Weißt du auch, was dein Sir Lancelot tat, als ihre Leiche in einem Bötchen vor seine Burg gefahren kam? Der stürzte sich nicht in den Burggraben, klammerte sich nicht in Elaines Goldhaar und sank mit ihr nieder bis zum Grund, wo sie sich im Tode vermählten. Oh nein, der stützte sich leger auf die Zinnen, hob seine Brauen, hielt einen Moment bedauernd inne und murmelte: Sie hat ein niedliches Gesicht!«
Dann blicken wir uns eine Weile lang nicht mehr an,

denn Clemens mag nicht, daß sich seine Frauen nicht mögen. Doch plötzlich hört er auf, mit kleinen Mörtelbrocken gegen den heiteren Kuhstall des jungen Dichters zu werfen: »Ich meine, die Elaine war ja noch ganz gut beieinander, als man sie in ihrem Bötchen fand. Aber Ophelia wird wohl ziemlich grauslich ausgesehen haben, oder?«

»Zum Glück gab es damals noch keine Motorboote«, sage ich, »die mit ihren scharfen Schiffsschrauben über die Wasserleichen hinwegwetzten, aber der Fischfraß war schon damals sehr eklig.«

»Und die Haut, die sich langsam in weißen Fetzen vom Leib löste«, sagt er.

»Und weich gewordene und gespaltene Nägel, die nach dem Tod weitergewachsen waren. Und der blaugeblähte Leib, der zum Rattenfloß geworden war.«

So werfen wir uns die Ekligkeitssätze über einen behäbigen Worpsweder Bauerntisch zu. Den Tisch könnte man umdrehen, dann wäre er ein sicheres, fugenloses, hundert Jahre lang eingeöltes Floß, würde niemals morsch und könnte uns beide über alle Weltmeere tragen. Statt dessen werde ich von Clemens wohl bald aus meinem Traum geworfen und suche schnell nach einer Frage, die mir Aufenthaltsrecht gibt:

»Hast du schon einmal eine richtige Leiche gesehen?«

»Nein, du?«

»Ja, meine Großmutter im Sarg. Vor und nach der Totenstarre. Vorher sah sie böse aus. Nachher war sie schön. Nur an den Schläfen begannen sich blaue Flecken auszubreiten. Meine Großmutter hat übrigens auch einmal eine richtige Leiche gesehen, sogar eine Wasserleiche«, sage ich stolz, »es war ihr letzter Liebhaber.«

Clemens blickt mich fast so ungläubig an wie an jenem grünen Sommermorgen, als ich ihm die Nachricht vom Tod des alten Mannes brachte.

»Ja«, sage ich schnell und werde immer hastiger, will die Geschichte von meiner Großmutter, die eine Wasserleiche zum Liebhaber hatte, ausschmücken, doch da greift Clemens nach meiner Zunge, die wird zu Eis, als tauchte er sie in flüssigen Sauerstoff, bricht ab, ich bin endlich still, sehe, wie der junge Dichter mit einem zufriedenen Lachen aus dem Kuhstall nebenan tritt, werde ohnmächtig und werde wach.

Ein toter Frühsommervogel beschert mir einen richtigen Schloßherrn

An einem üppigen Aprilabend, der schon in den Sommer hineinlangt, ist Michael Westwall in meiner Stadt zu Gast. Sein neues Buch liegt zu Pyramiden geschichtet auf der Theke des alten Bahnhofbuffets. Der Saal ist oval und hoch wie eine Kirche, mit dunkler Holztäfelung an den Wänden, und hinter den Fenstern steht schon die Dunkelheit. Es ist wie in einem Quallenbauch tief unter Wasser, und als stünde sie tatsächlich unter einem anderen Druckverhältnis, legen sich der ganzen Gesellschaft Sehnsuchtsgewichte auf die Körper. Mein Kleid ist eng und kurz und schimmernd wie eine Fischhaut, ich liebe mein weißes Décolleté und meine langen schwarzen Beine, die plötzlich schlank und gerade gewachsen scheinen.

Michael liest auf einem Thron, und um den Thron stehen große weiße Tuchwände, hinter denen seine Geschichte in Schattenrissen erzählt wird. Die geht so: Der heilige Sankt Georg verirrt sich nach Hollywood. Und weil er sich fast nicht auskennt vor

Angst, sucht er die dunkelste Höhle der Stadt, versteckt sich dort viele Stunden, und dann kommen die Ungeheuer. Sie sind viel größer als der Drache, den Georg in der Bibel erlegen mußte, auch viel gefährlicher, doch Georg stürzt sich mit seiner Lanze tapfer den Tieren entgegen und merkt verwundert, daß bei einem einzigen Speerstich die Häute aller anwesenden Drachen in Fetzen von der Höhlendecke herabhängen. Einzig eine junge Frau hat gesehen, wie Georg während des Saurierfilms in einer goldenen Rüstung mit einer Lanze auf die Kinoleinwand losrannte, sie glaubt, er sei aus einem Sternenkrieg zu ihr herabgestiegen, verliebt sich in ihn, und zu zweit geht die Geschichte irgendwie weiter. Doch da habe ich die Stimme des Dichters bereits aus meinem Herzen verloren, denn darin nistet sich die Gestalt des Georg ein, die einem Schauspieler gehört, einem Mann mit schlanken Gliedern, um die sich dicht wie Efeustränge die Sehnen und Muskeln wickeln.

Und plötzlich steht der Schauspieler vor mir. Genauso hager wie Clemens, doch größer, mit einem Wesen, das in alle Himmelsrichtungen auseinanderrennen will und das er nur mit einer übergroßen Anstrengung zusammenhalten kann. Er bringt mir Champagner, ich sage: »Weißt du, daß ich dir als junge Studentin nach einem Shakespeare Rosen auf die Bühne geworfen habe?«

»Weißt du, daß ich auf einem Schloß wohne?« fragt

er zurück, und natürlich ist dies die beste Frage, die mir einer stellen kann.

Dann zieht er eine Karte aus seinem Sakko, darauf ist ein Wasserschloß mit zwei behäbigen runden Türmen, und hinten drauf steht »Theateratelier Schloß Overmünde« und der Name des Schauspielers. Gut, denke ich, den will ich jetzt wirklich. Einmal wenigstens will ich in einem Turmzimmer sitzen wie die Lady of Shalott. Einmal wenigstens auf dem jahrhundertealten Rasen am Wasser ruhen, einmal mein Gesicht aufs sonnenwarme Steingeländer der Freitreppe pressen. Und dann vielleicht noch Küsse bekommen und in einem Himmelbett geliebt werden. Aber das wäre nicht so wichtig, denn mein österreichischer Liebhaber hat auch schon ein Himmelbett.

Und ich lasse ihn reden, davon, wie der Baron seinen Eltern, die bloß Bauern sind, die zwei oberen Etagen des Schlosses in Obhut gegeben hat, davon, daß im Erdgeschoß ein Gymnasium ist, wo er, der Schauspieler, selbst zur Schule gegangen ist, daß er später nur im tibetanischen Kloster noch einmal so glücklich war wie früher als Schloßgymnasiast und wie sehr er die Meditation im leergeräumten Rittersaal neben der Arbeit an einer Hauptstadtbühne immer braucht. Das Kloster und die Meditation machen mich mißtrauisch, aber noch nicht genug, um von meinem Plan zu lassen, den Schauspieler zu heiraten, in dem Schloß zu wohnen und endlich eine schöne Seele zu werden.

So denke ich bereits eine Viertelstunde nachdem ich erfahren habe, daß der Schauspieler auf einem Schloß lebt, denke auch, diesen Menschen könnte ich tatsächlich sehr lieb bekommen. Und über solchen Gedanken habe ich vergessen, daß meine Augen groß und offen in denen des Schauspielers hängen. Um uns sind die Saalwände in weich von Kerzen durchglühtem Rauch verschwunden, das gewöhnliche Leinenbeige, das den Schauspieler umgibt, ist plötzlich ein milchiges Gold, der Ärmel in meinem Nacken vertraut wie das Bettzeug meiner Großmutter. Und so lasse ich mich durch den Saal schieben, entzückt und betrunken, bewundernd öffnet die Gesellschaft eine Gasse für uns, Michaels Mund öffnet sich weit vor Staunen, die hohe Tür auch.

Vor uns steht nur noch die warme Nacht und in ihr ein Brunnen, der sein Wasser aus einem kleinen Marmorbecken in immer weitere sich vergrößernde Muschelschalen fallen läßt. In der untersten schwimmt nackt die Leiche eines kleinen, aus dem Nest gefallenen Frühsommervogels. Ich knie mich nieder, schöpfe den Vogel mit beiden Händen aus dem Wasser, sage zum Schauspieler: »Schau dir seine Augen an. Die sehen aus, als hätte er zwei schwarze Perlen verschluckt.«

Das ist ungefähr der einfachste Vergleich, der sich zu den dunklen, unter etwas dünner rosa Haut verborgenen Augenflecken ziehen läßt. Doch weil der Schauspieler und ich in einem Stück sind, sagt er staunend: »Meine Güte, was für eine wunderbare Beobachtungsgabe du hast.«

Ich setze den Vogel wieder in die Brunnenschale, wasche mir die Hände im Wasserstrahl, sage: »Hätte ich sonst irgendeine Welt? Könnte ich schreiben?«

Und das genügt endlich.

Natürlich verliebt sich das Schloß unglücklich in mich

Weißt du«, sagt der Schauspieler mit seiner tiefsten Bühnenstimme, als er mich in seinem Wagen nach Hause fährt, »manchmal ist man sich einfach sicher, daß etwas richtig ist, und mit dir ist es richtig. Sag, wo wir die Nacht verbringen sollen, und ich fahr mit dir durch die ganze Welt.«

»Nein«, sage ich, »ich habe zu arbeiten, ruf mich morgen wieder an.«

In der nächsten Nacht weiß ich, daß ich noch nie einen so exquisiten Liebhaber besessen habe, doch das beschäftigt mich nicht allzu lange, denn Liebhaber finden sich trotz aller Warterei stets eher als Schlösser.

Drei Monate vergehen, und nur zwei Briefe kreuzen sich zwischen dem Schloß und meiner Wohnung. Der Schauspieler schreibt, daß er durch die leeren Hallen gehe und mit mir reden möchte, doch da sei keine Erinnerung mehr, bloß so ein bleiches, kaltes Gedankengespenstchen mit meinem Namen, das Nacht für Nacht in seinem Fenster sitze. Und auch

mir ist keine Erinnerung geblieben, nur, daß die Nase des Schauspielers groß ist und sein Haaransatz unregelmäßig.
Am Ende des dritten Monats rufe ich Michael an, sage: »Du, morgen fahre ich zum Schauspieler aufs Schloß und werde heiraten.«
Und Michael sagt: »So eine schöne Idee, da möchte ich zu gerne Trauzeuge werden.«
Ich fahre durch eine Landschaft mit weiten, flachen Hügelzügen, mit Feldern, über denen die Rapsblüten im Wind wie große Zitronenfalterschwärme flirren. Mein Herz legt sich zur Ruhe, kein kleiner Wille tobt mehr darin.
Und dann schält sich ein langer, dünner Tod aus dem dunklen Unterstand des Overmündener Bahnhofs. Kommt auf mich zu, so knochenweiß und ausgemergelt, mit einem Ernst im Gesicht, daß mein müdes Kinderherz erstarrt und kein Wort mehr weiß. Weil mein Bräutigam so schön ist. Und so stehe ich da, er nimmt mich in die Arme, ohne Glut, und ich bin auch gar nicht aus Fleisch, sondern aus einer kostbaren Masse, wie alter, durchsichtig gewordener Alabaster, er sagt: »Ich glaub, ich seh dein Herz durch dich hindurch.«
Er hilft mir in seinen Wagen, zusammen fahren wir dem Schloß entgegen, fahren durch den blutstreifigen Abend, als verließen wir gemeinsam die Welt.
Als das Schloß und ich einander endlich begegnen,

hat sich das Schloß bereits in mich verliebt. »Bitte erlöse mich«, fleht es, »mein Besitzer lebt hier wie ein Mönch, und mir ist immer kalt, dabei hätt ich so gerne große Gesellschaften, endlich wieder Pferde in meinen Stallungen und vor allem ein prasselndes Feuer in den Kaminen, das den ganzen Winter über nie erlischt.«

So ruft mir das Schloß zu, als ich zwischen den Steinskulpturen hindurch über den Burggraben gefahren komme und noch gar nichts sehen kann, weil der brandige Abendhimmel in unserem Rücken liegt und das Schloß schon in die Nacht versunken ist. Mein Bräutigam geht voraus, eine schneckengespindelte Steintreppe hoch zu seiner Etage, dort ist es kühl, ich spüre den Gipssand unter meinen Sohlen und rieche das feuchte Mauergeäder, das seit dreihundertfünfzig Jahren im Winter gefriert.

Der Schauspieler tritt mit einer Kerze hinter mich, öffnet ein Fenster, wir lehnen uns hinaus und sehen unseren Gesichtern zu, die als Mondgeschwister auf dem stillen Brackwasser des Burggrabens glänzen. Und als der Schauspieler einige Stunden später mein Lager im Rittersaal verläßt und sich in seinem Turmzimmer zum Schlafen legt, schleiche ich mich zu ihm, setze mich ins unterste Geviert des Westfensters und bewache den Schläfer. Neben seinem Bett hängt ein langes Rollbild, darauf sind asiatische Zeichen geschrieben, die alle auf meinen Bräutigam zu blicken scheinen, als wären sie ein Heer kleiner, gedrungener Soldaten. Das Rollbild hatte die Größe einer Tür, und ich stelle mir vor, sie wäre die Tür zur Zelle meines Meisters in einem tibetanischen Kloster, und der Meister hätte mir eine Aufgabe gestellt, auf die es in Worten gar keine Antwort geben konnte. Monate gingen vorüber, die Antwort fände sich nicht, ich stünde vor der Tür des Meisters, würde anklopfen, doch er wiese mich immer zurück. Nach drei Jahren wäre ich derart verärgert, daß ich die Türe aufrisse und drinnen auf einen zufriedenen Meister treffen würde, der sagt: »Endlich hast du den Weg gefunden.«

Etwa so denke ich mir in jener Nacht das Leben des Schauspielers mit dem tibetanischen Kloster und den Meditationen, und nichts daran ist mir lieb. Am nächsten Morgen verabschiede ich deshalb den Mann, der in der Nachbarstadt zu tun hat, freundlich und lege mich im Park unter einen Baum, der fast so alt ist wie das Schloß selbst.

»Hast du den Baum jetzt etwa lieber als mich?« fragt das Gemäuer mit einer Stimme, die so gepreßt klingt, als käme sie mühselig aus allen Steinfugen des Schlosses gekrochen.

»Nein«, sage ich.

»Weshalb denn?« fragt das Schloß mißtrauisch.

»Weil du ein Schloß bist«, sage ich und erzähle, was es mit mir und den Schlössern auf sich hat:

»Es war einmal ein Mädchen. Es war von seinen Eltern auf den Namen Lou getauft worden, weil einst eine kluge Frau, die nur mit gescheiten und mächtigen Männern verkehrte und selbst sehr weise Dinge zu schreiben wußte, Lou geheißen hatte. Seit Lou selbst klug war und denken konnte, wußte sie zwei Dinge: Ich will keine Kinder und ich will auf einem Schloß leben. Denn für Lou spannte sich zwischen der Kinderlosigkeit und einem Schloß eine nicht weiter erklärbare Brücke von Reinheit, Reichtum und Unversehrtheit.
Das Schloßfräulein aus der Lieblingssage von Lous Großmutter konnte deshalb gar kein schlechter Mensch gewesen sein, sondern nur ein rechter, hätten in ihrer Welt die Maßstäbe der kleinen Lou Gültigkeit gehabt. Lou hätte das Schloßfräulein auch nicht zur Strafe in einen Hahn verwandelt. Und immer, wenn Lou wieder weinend aus dem Schlaf schreckte, weil sie nicht verstand, wie Gott mit einer Frau, die eigentlich ihr großes Vorbild war, so böse hatte verfahren können, nahm ihre Großmutter sie bei der Hand, und gemeinsam schritten sie den letzten Weg des Fräuleins noch einmal ab.
Sie verließen das Dorf, hasteten den ungepflegten Kartoffeläckern entlang, wo sich grünschillernde Käfer auf den Stauden sonnten, und kamen endlich und atemlos zum stillgelegten Hügelbach. Der Feldweg brach ab, einzig eine geländerlose Steinplatte

war über den schmalen Bachgraben gelegt, und dahinter erhob sich bald der Waldhügel. Vor der Steinplatte blieb Lous Großmutter stehen, bekreuzigte sich und versank in eine eigentümliche Träumerei. Erst viele Jahre später erfuhr Lou, daß ihre Großmutter und ihr letzter Liebhaber genau an dieser Brücke einer Zigeunerin begegnet waren, die mit ihrer unheimlichen Prophezeiung recht haben sollte. Doch als Lou noch ein Kind war, wollte sie an dieser Stelle nicht stehenbleiben, sondern im Wald das Schloß suchen.

Es gibt wirklich kein Schloß mehr, sagte dann die Großmutter, wir haben als Kinder selbst jedes Stück Boden in diesem Wald umgegraben, da ist nichts mehr, auch keine Ruine. Ich hab dir schon tausendmal gesagt, daß das Schloß mit seinem Fräulein in den Erdboden versunken ist, jetzt glaub mir endlich.

Aber dann erzähl mir wenigstens die Geschichte, bettelte Lou, und die geduldige Großmutter setzte sich mit ihrer Enkelin, deren Taufnamen so gar nicht in die Welt der kleinen Schweizer Dörfer passen wollte, neben den Brückenstein und erzählte:

Es war einmal ein alter und gerechter Herzog. Seine Gattin war bei der Geburt des einzigen Kindes gestorben, und aus Kummer hatte sich der Herzog auf ein kleines Schloß mitten im Hügelwald zurückgezogen. Dort lebte er mit seiner Tochter, beschäftigte die besten Lehrmeister und hoffte, daß sein Kind einmal einen freundlichen Mann finden und eine gütige Herrscherin über die Bauern der Gegend werden würde. Seine Tochter war klug und mutig: Sie ritt bald schneller als der Herzog selbst, richtete ihren eigenen Falken ab und war die beste Jägerin weit und breit. Doch war sie darüber hinaus stolz und hochmütig und kannte nur eine einzige Liebe: ihr Schloß. Dieses hatte sie so gern, daß sie jedem seiner Steine und Ziegel einen Namen gegeben hatte, sie ihre Geschwister nannte und jeden Abend einem andern dieser Geschwister eine Geschichte erzählte. Die Menschen dagegen kümmerten sie nicht. Alle jungen Edelmänner wies sie ab, und auch die Leute im Dorf wußten nichts Gutes über sie zu berichten. Einmal stürmte sie auf ihrem Pferd achtlos durch ein frisch angesätes Feld, ein Knecht rannte dem Tier fluchend vor die Hufe, doch die zukünftige Herzogin lachte höhnisch, und ihr Pferd trampelte den Mann nieder, daß ihm alle Knochen barsten.

Da nahm der greise Herzog sein Kind beiseite, sprach: Bald werde ich sterben und du wirst Herrin über dieses Dorf. Damit auch dein Herz an das Dorf und seine Menschen wächst, wirst du die Taufpatin des nächsten Bauernkindes.

Weil die Tochter ihren Vater sehr liebte, nahm sie sich seine Worte zu Herzen und beschloß, dem Täufling, der ihr bald darauf an einem Sonnabend aufs Schloß gebracht wurde, eine fürsorgliche Patin zu

werden. Am nächsten Morgen kleidete sie sich in ihren besten Sonntagsstaat und saß so lange bewundernd vor dem Spiegel, bis die Kirchglocken sie zur Eile mahnten. Sie nahm das Kind auf den Arm, doch weil ihre Hände nur Zügel, Bogen und Speere gewohnt waren, hielt sie es recht unsanft, und nach wenigen Schritten schrie das Kind und zerrte in seinem Schmerz am Halsschmuck des Fräuleins. Da zersprang die kostbare Kette, die Perlen rollten in den Hügelbach, das Fräulein bückte sich entsetzt zum Wasser hinunter, und das Kind fiel in den Bach.
In diesem Augenblick schwoll das Rinnsal an, eine Welle verschluckte das Kind, und als sich das Wasser wieder beruhigte, schwamm darauf nur noch die weiße Taufhaube. Des Herzogs Tochter aber machte sich auf ins Dorf, wollte hochmütig die Kirche betreten und der versammelten Gemeinde von dem Unfall erzählen. Doch die Bauern sahen nur noch einen feuerroten Hahn, der auf der Höhe des Taufsteins mit einem Kreischen in den Boden fuhr. Und als die Familie des Täuflings sich auf den Weg zum Hügelwald machte, um die säumige Taufpatin zu suchen, standen dort, wo bis zum Morgen das Schloß des Herzogs gestanden hatte, zehn hundertjährige Eichenbäume.«

Dies erzähle ich dem Schloß des Schauspielers, doch das Schloß ist nicht zufrieden: »Siehst du, die alte Burg läßt du in den Boden versinken und Bäume

darüber wachsen. Natürlich liebst du den alten Baum mehr als mich.«
Verärgert gehe ich wieder hinein, setze mich in die Bibliothek meines zukünftigen Gatten und blättere mich durch ein paar der Bücher und Magazine über das Theater, die einen ganzen Saal füllen. In der Bibliothek wölben sich die frisch abgezogenen Dielenbretter bereits wieder in der feuchten Sommerhitze, der weiße Verputz zeigt graue und lila Adern, und alle Augenblicke platzen Splitter von der Wand. Das Schloß des Schauspielers ist alt und gebrechlich, und ich glaube, daß es langsam in sich zusammenfallen wird, wenn ich es gegen Ende der Woche vielleicht hinter mir lassen muß, denn ich habe nicht Hände genug, es wieder gesundzupflegen. Das Schloß spürt meine Ohnmacht und will mich mit andern Mitteln dabehalten.
»Bist du nicht Journalistin?« flüstert es leise.
»Ja«, sage ich, »aber was tut dies zur Sache? Ich bin nicht mein Beruf.«
»Aber du magst doch den Boulevard und die Skandale. Hast du etwa gewußt, daß dein Schauspieler ein richtiger Herzog Blaubart ist? Daß es auch hier ein siebtes Zimmer gibt, ein versiegeltes, in dem die Überreste seiner alten Frauen eingesperrt sind? Daß auch du dort enden mußt, wenn du nicht vorher alles aufbrichst?«
Das Dielenbrett unter meinen Füßen ächzt, wölbt

sich mit Mühe, so daß ich ungewollt einen Schritt vorwärtsgeschoben werde, und so geht es weiter, bis ich vor einer winzigen Tür stehe, sie aufstoße und eine staubige Kammer betrete, voller Reisetaschen und Schlafsackrollen und alle vollgepackt und rund wie verfressene Schlangen. Sie zischeln auch und strecken etwas aus ihren Reißverschlußmäulern, doch sind es keine gespaltenen Zungen sondern Briefbögen. Die Papiere rotten sich vor mir zusammen, ich nehme sie nacheinander hoch und lese.

»Mein Lieber«, steht auf einem rosenfarbenen Bogen, »erst gestern habe ich dich wieder im *Nathan* gesehen. So denke ich am liebsten an dich: als Tempelherr, mit einem Herzen voller Edelmut und Tapferkeit, mit einem Körper voller Kraft, wenn du deinen Bogen rüstest, und mit dieser jungen Verzweiflung im Gesicht. Und so werde ich dich immer lassen, so unberührt, seit du von mir gegangen bist, weil du deine Berufung hast, die ich zu stören wagte, diese Berufung zu einer Art von Heiligkeit, die besser ist als alles Irdische.«

»Geliebter«, steht auf einem einfachen weißen Blatt, gleich unter dem Schriftzug »Alternative Kurklinik Maienau«, »Du hast so viele wunderbare Träume in mich hineingetrieben, bis mein armes Herz zu klein war und ich all seine engen Kammern sprengen wollte. Hätte ich dich nicht mit meiner Ängstlichkeit vertrieben, ich weiß, du hättest sie aufgefangen in deinen Händen, und gemeinsam hätten wir an unserem Palast gebaut, weit größer noch als dein liebes Schloß.«

»Frosch«, ist in kinderrunder Schrift auf kariertes Notizpapier geschrieben, »bloß weil du ein altes Schloß hast, bist du noch lange kein Prinz.«

Da habe ich genug vom Schauspieler mit seinen blöden Weibern und seinem weinerlichen Schloß. Ich packe meinen Koffer, bestelle ein Taxi zum Overmündener Bahnhof und warte auf der Freitreppe.

Statt eines Taxis kommt der Schauspieler gefahren.

»Ich habe gewußt, daß etwas nicht gut ist bei dir«, sagt er.

»Nein«, sage ich, »alles ist richtig, das weiß man manchmal, und jetzt fahre ich nach Hause.«

Ich gerate etwas verwirrt an einen Ort wie Wuppertal

Am Bahnhof bin ich viel zu früh. Gerade will ich mich auf einen kurzen Spaziergang entlang der Rapsfelder machen, da spüre ich, wie sich schon wieder ein Boden unter mir wölbt, wie ich darauf in die Höhe fahre und unter der Höhe plötzlich ein Wasserlauf durchbricht. Und dann liegt der ganze Bahnhof einige Meter über einem Flüßchen, doch die Geleise ziehen nicht zu meinen Füßen davon, sondern über meinem Kopf. Das Flüßchen selbst ist inzwischen von hell glänzenden Darmgeschwüren wieder halb verdeckt, es sind in Metall verkleidete Verbindungen zwischen Fabriken beidseits des Wassers. Und da weiß ich, daß ich an einen Ort wie Wuppertal geraten bin, daß über mir die Schwebebahn schaukelt und daß dies die Strafe ist für meine Flucht aus dem Schloß des Schauspielers.

Vom Bahnsteig aus sehe ich auf die Straßenzeilen hinunter, sehe einen Imbißstand und eine Bierkneipe und daneben drei halbblinde Schaufenster, hinter denen alte Schlitten, Dröppelminnas und Spinnräder liegen.

Über den Fenstern steht blau auf ein weißes Brett geschrieben: »Strandgut der Jahrhunderte«. Und weil ich selbst ein Stück davon bin, gehe ich hinunter auf die Straße und hinein in den Laden, der eine alte Gerümpelscheune ist, mit einer Besitzerin, die verschiedene verschmutzte Spiegel blank putzt, um sich darin ihr starkes schwarzes Haar zu kämmen.

»Pardon«, sage ich, »verkaufen Sie auch Bücher?«

»Natürlich«, sagt die Frau, »und Theaterbücher finden sie neben dem Gestell mit den Weihnachtskarussells.«

Und dann finde ich nichts anderes als Theaterbücher. Finde alle, die ich auch schon im Schloß durchblättert habe, und mitten unter ihnen ein hellbraunes Notizenheft, darauf steht »Kleine Geschichte der Hysterie in Bildern«, und auf dem Heftrücken klebt ein Papierschild ohne Preisangabe, doch mit dem Vermerk »18. Jahrhundert«. Innen drin sind vergilbte Fotografien von Frauen in Nachthemden, auf dem immer gleichen Bett mit Metallpfosten und vielen zerwühlten Tüchern, und ich weiß genau, daß die Bildchen Originale aus der Pariser Salpêtrière sind.

»Madame«, sage ich zu der Schwarzhaarigen, »die Sache mit dem 18. Jahrhundert ist gelogen, das wissen wir beide. Ende 19. Jahrhundert ist richtig, und zudem hat Freud selbst die Bleistiftlegenden unter die Bilder geschrieben.«

»Natürlich ist das Jahrhundert falsch«, sagt die Frau und wird dabei kein bißchen kleinlaut, »aber so weiß das Ladenfräulein wenigstens, daß das Heft kostbar ist und nur sehr teuer verkauft werden darf. Nämlich für 250 Mark.«

»Madame, Sie fordern meinen Ruin«, sage ich aufgebracht, denn das Heft und ich wollen einander derart heftig, und 250 Mark werde ich nie im Leben besitzen. Das Heft schlägt sich vor meinen Augen ganz von selbst auf, ich lese in Freuds Handschrift »Hystero-Epilepsie: Beginn der Attacke«, sehe eine Frau, der die Augen aus dem Kopf springen wollen und der sich das Rückgrat nach hinten krümmt, als wäre es weich wie das eines Säuglings, sehe auch, wie ihre Brust im nächsten Moment aus den Tüchern schlüpfen muß, zur Erregung der Studenten, die im Kreis um ihr Vorführbett stehen, und damit die Frau wieder und wieder ihre Vorstellung geben darf und begehrt wird von so vielen wie keine andere Frau in Paris.

Und da will ich allein an ihr und ihrem Wasserfrauenhaar meine Freude haben und meine Qual, will jeden Tag ihr Bett in meinen Hörsaal schieben, mich vor sie setzen und ihr befehlen, für mich die Legende von Leid und Leidenschaft zu spielen, bis ihr blutige Tränen aus den Augen treten und ihr abgenutztes Rückgrat bricht wie ein ausgeglühtes Stück Zunder.

Und wie ich dies denke, schnellt mein Kopf rückwärts, mein Rücken biegt sich, ich rolle in den

schwarzen Staub zwischen alten Wuppertaler Möbeln, von denen einige mit eingebrannten Zirkeln und Feueraugen versehen sind, versuche, mich den Zirkelkreisen entlangzuwinden, strecke den Feueraugen die Zunge heraus und bleibe endlich liegen.
»Gut«, sagt die Frau, »120 Mark.«
Doch auch das vermag ich nicht, verlasse den Trödelladen enttäuscht, setze mich hinter einer Bandfabrik an die Wupper, die Webstühle rasseln ins Regengetröpfel hinein, kein Trost in diesem wüsten Land.
Und langsam verschlucken die alten, mit dunkelgrauen Steinplatten eingekleideten Wuppertaler Häuser das letzte Restchen, was an Tag je über diesem Ort gelegen hat. Meine kleine Wupper wird immer trüber, nur etwas leuchtet hell wie ein Stern, der zerplatzt ist, als er auf das Wasser fiel. Und wie ich so sitze, tritt ein dem Glück abhanden gekommenes Mädchen auf mich zu. Die braunen Haare kleben ihr am Gesicht, die Lippen sind aufgesprungen, die Haut über der linken Schläfe ist geschürft.
Das Mädchen gleicht der armen Prinzessin auf dem Lieblingsbild meiner Kindheit: Die Prinzessin sitzt in einem müden Abendfeld, auf einem Stein, die Krone auf dem kleinen Kopf ist viel zu schwer, ihr Kleid zerrissen, und trockenes Blut glüht darin statt königlichen Purpurs. Die Prinzessin ist in Wuppertal gemalt worden, von einer irre gewordenen Malerin.

Auch einen Frauenkopf hat sie gezeichnet, der treibt auf dem Wasser, die Augen geschlossen, die Lider durchsichtig und von der Todeskälte blau getönt, das Haar und ein paar gelöste Perlenbänder schon eins geworden mit dem Wellengekringel, und über allem liegt eine helle, zufriedene Ruhe. Es ist eine von vielen Zeichnungen, die die Malerin im Krieg in einem elsäßischen Kartoffelkeller verstecken mußte, in eine Mappe gepackt und diese in Wachstuch geschlagen, und voller Bange, daß die deutschen Soldaten das schüttere Gehöft zerstören könnten. Denn in Wuppertal hatten sie schon ihr Haus gestürmt und alles an Papier in die Flammen geworfen. Und so dachte sich die Malerin in ihrer Verstörtheit eine Todessehnsucht um die nächste aus, zeichnete blasse kleine Prinzessinnen mit blutstarrenden Kleidern und große, die wie geschmückte Opfertiere aus der Welt gingen, und wurde auf eine eigenartige Weise alt und glücklich.

Weil mich die kleine Wuppertaler Zigeunerin an die arme Prinzessin erinnert, lächle ich sie an, und wie eine Puppe kommt sie auf mich zu, denn ihr Rock ist schwer und am Saum sehr weit, und der Saum ist steif von getrocknetem Flußdreck.

»Laß uns gehen«, sagt sie.

»Ja«, sage ich, »ja«, und in mir öffnet sich ein Tor, dahinter stehen Wachsoldaten, das sind der Schauspieler und der junge Dichter und etwas weiter mein österreichischer Liebhaber und meine erste Liebe. Ich schreite durch eine Allee, in einem weißen Kleid, mit einem Kamelienbouquet, das Schloßtor steht offen, und immer andere Türen öffnen sich, eine riesige Allee von Alabasterstatuen liegt vor mir, und alle sehen aus wie Clemens. Dann stehe ich vor einem Thron, darauf sitzt ein toter König, einbalsamiert, mit einer Haut wie teures, dünngeschabtes Pergament.

»Mein Herz, mein Herz, so sieh mich doch an«, flehe ich. Der tote Clemens schlägt die Augen auf, die stehen starr in den Höhlen wie schwarze Perlen, und sagt: »So nimm denn meinen Dolch und schneide mir das Herz heraus. Dann gehört es endlich dir.«

Clemens und ich begegnen uns noch einmal und dann vielleicht nimmermehr

Bonjour, ma chère«, sagt ein noch immer lebendiger Clemens am Telefon: »Weißt du, ich liege im Bett, und etwas zirpt durch meinen Müllkokon, ich denke: dumme dadaistische Monstergrillen, doch das Zirpen will nicht aufhören, und ich kriege wirklich Angst, da finde ich endlich mein Telefon, und mein Bruder sagt: Bestimmt hast du vergessen, ein Hotelzimmer zu bestellen.«

»Klar«, sage ich, »natürlich hast du es vergessen.«

»Scheiße, ja«, sagt Clemens, »aber erinnerst du dich noch an unseren charmanten Nachtspaziergang auf dem Berg? Da hatten wir uns doch auf diese Tage zum Champagnertrinken im Süden verabredet, oder?«

Tatsächlich hatte ich Clemens erzählt, daß ich im August auch im äußersten Süden der Schweiz wäre, fast schon in Italien, daß ich dort auch die Filmfestspiele besuchen würde, und wir hatten beschlossen, miteinander auf der Terrasse des großen Hotels Champagner zu trinken.

»Du meintest doch, es gäbe bei euch ein richtiges Massenlager, mit vielen Leuten, und deshalb sagte ich zu meinem Bruder: Wenn Madame uns gnädig ist, können wir vielleicht bei Lou schlafen.«
»Klar«, sage ich und betrachte den Drachenbaum vor meinem Balkon, der in der Augusthitze dunkelrotes Harz schwitzt, und denke: Klar. Schlafen bei Lou. Nicht mit Lou, aber bei ihr.
Zwei Tage später gehe ich Clemens auf dem großen Platz entgegen und weiß wieder, daß Clemens der schönste Mann der Welt ist. Er sieht mich, sieht vielleicht, daß auch ich das Schönste bin, was er je in seinem Leben hatte, denn er sagt: »Dich sollte man in Gips gießen und Lou-Skulpturen in alle Museen dieser Welt stellen!«
Zum neuen Film mit dem Bruder von Clemens, der auch Schauspieler ist, aber nicht in einem Schloß lebt, trennen wir uns, und als Clemens viele Stunden später durch den Park zum Hotel hochsteigt, findet er mich schon auf der Terrasse, mit einem seligen Strahlen und einem leichten Flackerblick.
»Was hast du denn genommen?« fragt er besorgt, und ich sage: »Nur eine kleine Tablette mit einem Krönchen drauf, aber die tut sehr wohl, und gerade war so ein warmer Druck auf meinem Hirn, wie von einer Trockenhaube, und jetzt hab ich den ganzen Kopf voll mit nettem fluoreszierenden Plankton.«
»Und warum tust du das?« fragt er.

»Damit mein Herz etwas sanfter bricht«, sage ich, mache schmale Katzenaugen, die ohne Hast sein Gesicht liebkosen, spüre eine alte, wehe Sehnsucht in mir und erinnere mich, daß eine Dichterin schrieb, über diesem Ort hinge der größte erotische Hochdruck der Welt.

Ich gleite leicht durch die Säle des Hotels, betrachte mit einem Lächeln die Deckengemälde, die antike Himmelsgesellschaften zeigen, und ebenfalls mit einem Lächeln die dickgerahmten Bilder an der Wand, die von der großen Zeit des Hotels um die letzte Jahrhundertwende erzählen, und noch viel mehr Lächeln habe ich für alle Menschen, die ich hier wiedererkenne, die mich auch lächelnd in die Arme schließen, sagen: »Meine Güte, Lou, bist du heute schön.«

»Ja«, sage ich, »ich weiß.«

Als ich Clemens wiederfinde, steht neben ihm eine laute Frau, deren blondes Haar mich warnend an etwas erinnert. Die Frau plaudert betrunken von einem Frauenmörder und will mit Angst und Lust in der Stimme von Clemens wissen: »Könntest du je eine erdrosseln? Wie müßte ich mich da vor dir fürchten, aber wie gut würde dann dein Drehbuch, das du für mich schreiben mußt, bitte sag mir doch, daß es eine gibt, die du gerne totmachen würdest, bitte.«

Clemens berührt meinen Arm, und ich berühre seinen, Clemens sagt zur Blonden: »Dafür hab ich kei-

nen Grund, aber mich zu töten würde ein armes Herz endlich erlösen.«
Und wie er das sagt, sind unsere beiden Hände wie Schlangen davongekrochen, die Arme hinauf und über die Schultern, und vor der Regisseurin steht plötzlich ein Paar, das einander die Zungen wie Riegel in die Münder schnappen läßt, die Nacht um sich für eine ganze Stunde vergißt und auch die Zuschauer auf der Hotelterrasse. Ich weiß, daß nach diesem kleinen Stück Glück wieder der Hunger kommt und genauso an unseren Nerven nagen wird wie jetzt der kräftige Duft, der vom Rosmarinstrauch auf der Steinbrüstung zu uns getragen wird und mit einer Wachheit an meinen Gliedern kratzt, daß mir schlecht wird vor Verlangen.
Zu Hause sind der Bruder und eine Freundin, und der Bruder redet, bis die Nacht nicht mehr schwarz sein mag. Dann liegen wir endlich beieinander, und wie Clemens mir in den frischen Tag hinein wegschläft, versammelt sich das fluoreszierende Plankton in meinem Kopf zu wunderbaren Feuerwerksreigen.
Mitten im Tag frühstücken wir hinter unseren Sonnenbrillen in einem kleinen Café am See.
»Ist das Leben nicht dumm?« frage ich, er sagt: »Ja, und uns hat es mit der größten Dummheit gesegnet, ich werde mein Drehbuch wohl über uns schreiben. Und wie stellst du dir unsere Zukunft vor?« fragt er.

»So, daß sie erträglich ist«, sage ich, »kein Sex, keine Drogen, aber bis zu deiner Heimreise morgen früh macht Vernunft noch keinen Sinn.«

»Nein«, sagt er, »bis dahin nicht. Aber nachher schon.«

Dann gehen wir auseinander und verabreden uns auf die Zeit nach Mitternacht wieder im großen Hotel.

Der letzte Bus, mit dem ich zum Hotel fahren will, hält neben einer Fabrikhalle, und draußen geht eine Regenflut nieder. Ich wate durch Bäche, knicke ein auf dem unebenen Katzensteinpflaster, sehe mich plötzlich in einem unbekannten Teil der Stadt, bleich schimmern alte Laternen hinter dem Wasservorhang, die Gassen werden immer enger, und ich denke: Gleich stehe ich an der Wupper und merke, daß es erst 1937 ist und daß es keinen Clemens gibt auf dieser Welt. Ich knöpfe meinen braunen Mantel zu und sehe erst jetzt, daß der Mantel vom gleichen Schnitt ist wie einer, den ich auf alten Modefotos meiner Großmutter gesehen habe. Doch dann betrete ich eine Bar, die Wirtin ruft ein Taxi herbei, und bald wanke ich naß und erschöpft durch das Portal des großen Hotels.

Ein Freund rennt auf mich zu, hält mich fest, sagt: »Mein Gott, Mädchen, fall mir jetzt aber nicht in Ohnmacht. Was ist denn los, ich hab Clemens gesehen, und der sieht auch aus wie der Tod.«

»Der wird schließlich auch bald mein Tod sein«, sage ich, »aber das hat nicht so viel Eile, laß uns etwas trinken.«
Das tun wir, und ich bin froh, denn hinter der nächsten Tür, wo das Licht wie aus der Hölle herausstrahlt, steht Clemens, das weiß ich, und wenn wir einander gefunden haben, wird die Endlichkeit schon angebrochen sein.
Clemens kommt durch den Saal gestolpert, das Gesicht verzerrt, als würde es eben erst zur Welt kommen, sagt: »Eine Viertelstunde noch, meine Jacke liegt im Auto einer Frau, die heute nachmittag beim Baden ganz nett ausgesehen hat, aber jetzt kann ich sie nicht mehr von allen andern Frauen hier unterscheiden. Und dann laß uns bitte zum See fahren, vielleicht finde ich dort ein bißchen Klarheit.«
Ich warte, er kann die Frau tatsächlich nicht mehr finden, obwohl sein Bruder ihm den Weg zu ihr weist, ich habe Angst um Clemens und denke an all die Nächte, von denen er nichts weiß, als mir plötzlich ein Schrecken ins Herz stürzte und ich mich aufmachte, um ihn in der ganzen Stadt zu suchen.
Der See liegt da wie eine schwarze, zwischen die Hügel gespannte Haut. Ich weiß, daß die dunkle Erhebung weit draußen ein Floß ist, und wir schwimmen los. Plötzlich glaube ich, etwas Lebendiges auf dem Floß zu sehen, ein Nest mit baumstammdicken Riesenwürmern wahrscheinlich. Dann hebt aber nur

ein aufgeschreckter Taubenschwarm ab, doch mein Kopf wird fast von Flügelschlägen getroffen, und ich bin mir sicher, daß dies aufgebrachte Engelsschwingen sind, die mir und Clemens den Eintritt in unseren armseligen schwimmenden Himmel verwehren wollen.

»Das Schicksal kann mich nicht dazu bestimmt haben, dir regelmäßig das Herz aus dem Leibe zu reißen«, sagt er, als wir aus dem Wasser geklettert sind. Ich denke, doch, genau dazu hat es dich bestimmt, also tu es einfach und tu es vor allem immer wieder. Aber natürlich sage ich das nicht, wie ich ihm auch nicht sage, daß ich überhaupt nur seinetwegen noch am Leben bin, weil die Liebe zu ihm die einzige Sicherheit ist, die ich auf der Welt habe.

»Weißt du«, sagt er, »wir könnten doch keinen Alltag miteinander haben und keine Langeweile zusammen austragen, wir zwei sind für ein Märchen gemacht.« Er schweigt, sagt dann: »Lou, ich habe Angst vor allem und will mein Leben nicht mehr.«

Ich lege meine Arme rund um ihn und will ihn der Angst entreißen, aber er ist in einem engen Gefängnis, das ihn von einer Wand zur nächsten schleudert und dessen Tür verschwunden ist. Und so schwimmen wir zurück, ich höre ihn brüllen vor Angst, am Ufer sagt er zitternd: »Ich war ganz sicher, daß ich über Haie schwimmen mußte.« Ich blicke ihm in die blutdurchschossenen Augen, die mich schon längst nicht mehr sehen, führe ihn nach Hause, und erst als wir wieder beieianderliegen und er spürt, daß auch ich in einer Todesangst bin, weiß er, daß er wirklich eine Zuflucht bei mir hat, und wir lieben uns wie früher und schlafen zum letzten Mal glücklich ein.

Auch Großmutter war einmal im Süden und wurde zu einem jungen Frühlingsgeschöpf

Viele Jahre vor diesen kurzen sommerlichen Tagen der kleinen Liebe und der großen Katastrophe in der Geschichte von mir und Clemens besuchte auch meine Großmutter jenes südlichste Stück der Schweiz. Noch auf der Basler Mustermesse versammelte Direktor Baumberger mit väterlicher Zufriedenheit seine Mannequin-Mädchen und die beiden jungen Männer um sich und gab ihnen bekannt, daß seine Firma dank ihrer Hilfe vierundfünfzig neue Aufträge, also fünfzehn mehr als im Vorjahr, bekommen und daß sich seine reizende Vorführtruppe damit doch eine besondere Belohnung verdient habe.

Beim Wort Belohnung dachten die Mädchen sofort an Seidenstrümpfe und Kosmetikartikel, die beiden Herren an gemeinsame Ferien in Berlin, obwohl Deutschland für Männer wie sie sehr gefährlich geworden war. Aber sie träumten unschuldig vom berühmten Doktor Hirschfeld, der zwei Schweizern gewiß Unterkunft gewähren würde und sie in seiner sonderbaren Sammlung erotischer Spielzeuge aus den entlegensten Völkern dieser Welt spielen ließe. Fast mehr noch träumten sie allerdings von der Haushälterin des Doktors, einem um die Nase herum etwas verhärmten, aber sonst niedlichen Mädchen, das unter seiner sorgfältigen Haushälterinnentracht überhaupt nichts Frauenhaftes mehr an sich haben sollte, sondern ein süßes, schmächtiges und gänzlich unbehaartes Knabenkörperchen besäße.

Jedenfalls hatten die beiden Männer dies von einem jungen Bauern vernommen, der mit Vornamen Jakob hieß und den sie in einem geheimen Lokal in der Kantonshauptstadt kennengelernt hatten. Dieser Jakob, ein starker, sonnenverbrannter Mensch mit Muskeln und riesigen Händen, galt als bester Tänzer der Kantonshauptstadt. Doch außerhalb des Parkettgevierts war er für keinen zu haben. Denn zu Hause, auf dem Dorf, wartete der Hof, und der Hof und Jakob warteten gemeinsam, wenn auch ohne jede Eile, auf eine Bäuerin. Nur reden tat Jakob in dem Kellerlokal noch lieber als tanzen, und weil alle so ein Zutrauen zu ihm faßten wie zu einem älteren Cousin, erfuhr er auch allerlei Geschichten, die er ausschmückte und weiter in die Welt hineintrug. Zum Beispiel die Geschichte von der Haushälterin des Doktor Hirschfeld in Berlin. Daß Doktor Hirschfeld bereits seit zwei Jahren tot war, hatte Jakob über der Freude an der schönen Geschichte schon längst vergessen.

Jakob trug den gleichen Familiennamen wie die kleine Verena Nyffenegger, die beim ersten Zusammentreffen von Direktor Baumbergers Truppe so verschüchtert gewirkt hatte, die aber spätestens seit ihrem Auftritt in der Oper zum bewunderten Liebling von allen geworden war. Und wegen dieser Namensgleichheit liebten die beiden jungen Männer Verena so fest wie sie eine Frau eben lieben konnten. Und immer, wenn Verena in Basel wieder einmal alleine unterwegs war, wurde sie heimlich von einem der beiden eskortiert, denn sie fürchteten, daß der sittenlose und nach der Zurückweisung gewiß noch mehr angestachelte Paul Merian Junior Verena eines lauen Abends in einem Fliederbusch auflauern könnte.

Dies fuhr den beiden beim Wort Belohnung alles durch den Kopf, heimlich blickten sie sich an und legten dann mit einem kleinen Lächeln einen schmalen Strahlenschein auf Verenas Haar. Meine Großmutter merkte von all dem nichts, denn so gespannt war sie auf Direktor Baumbergers Belohnung, daß sie die Knie an sich gezogen, die Arme darum geschlungen und den Kopf darauf gelegt hatte, und jetzt schauten nur noch die Augen hervor, grad so, als blickte ein Fuchs aus seinem Erdloch. Die anderen Mädchen saßen gelangweilt da, rauchten oder verrührten Zucker in ihren Kaffeetassen, denn sie erwarteten nur eine Geschenkschachtel mit jenem harten Basler Honiggebäck, das sie nicht mochten und auch nicht an ihre Tanten weiterschenken konnten, weil deren Gebisse immer darin steckenblieben. Und so begriffen sie die Überraschung erst richtig, als das Verena-Bündel vor Begeisterung auseinander und in die Luft schnellte, plötzlich Direktor Baumberger um den Hals fiel und diesem zwei laute Küsse auf die Wangen schmatzte. Der hatte nämlich gesagt: »Kinder, ich lade euch alle für ein langes Wochenende nach Ascona in meine Ferienvilla ein.«

Die zwei Wochen zwischen Basel und Ascona waren für meine Großmutter wie ein seltsamer Traum. Sie sah einem hübschen Mädchen zu, das Verena Nyffenegger hieß und mit dem sie großes Mitleid hatte. Denn diese Verena arbeitete wieder in der Fabrik, teilte wieder mit ihrer fast gleichaltrigen Schwester das Zimmer, und das Zimmer war so klein, daß neben dem großen Doppelbett gerade noch zwei Stühle und zwei Kommoden Platz fanden. Die eine Kommode trug einen Marmoraufsatz mit eingelassenem Waschbecken, die andere einen Spiegel, und wenn Verena und ihre Schwester im Morgengrauen aus den Betten sprangen, hatten sie sich immer schon am Vorabend abgesprochen, wer sich zuerst waschen oder frisieren würde. So schnell verrichteten die Mädchen immer ihre Morgentoilette, und so müde waren sie am Abend, daß Verena im Grunde nichts wußte von der Schwermut und dem Irrsinn, die in ihrer Schwester wüteten wie eine Kolonie von Bandwürmern. Und über drei Jahrzehnte lang begriff Verena nicht, wie ihre Schwester, die im April 1937 gerade die Schule verließ und einen Monat später eine Stelle in einem Basler Haushalt antrat, zu Weihnachten des gleichen Jahres schon im Grab liegen konnte. Erst viel später verstand sie, daß sich die Schwester der erstbesten Krankheit, die sie in der Fremde heimsuchte, so heftig an den Hals geworfen hatte, als wäre diese ihr allererster Liebhaber.

Meine Großmutter sah Verena auch zum Jugendfest-Ball auf dem »Blick zur Heimat« tanzen, mit dem grobschlächtigen Cousin Jakob und in einem einfachen Kleid, mit dem sie in Basel niemals auf die Straße gegangen wäre. Sie hörte, wie Verena bedauernd sagte: »Oh, die hat ja ganz lahme Flügel«, als eine Feuerwerksrakete in einer Funken spuckenden Spirale talwärts über den Abhang surrte, anstatt in den Himmel zu fahren, schämte sich über alles und am meisten über ihre eigene Mutter, die so erschöpft am Rande der Tanzbühne saß, das Gesicht und die Hände zusammengefaltet wie schlafende Fledermäuse. Meine Großmutter hätte sich am liebsten selbst bei der Hand genommen und schnell in irgendeine Stadt gezerrt, denn Städte, das wußte sie jetzt, waren riesige, liebevoll gepflegte Gärtnereien, in denen statt Pflanzen Menschen großgezogen wurden.

Doch plötzlich saß Verena wieder mit Direktor Baumberger und der Vorführtruppe im Zug, verteilte an alle weiße Brötchen mit selbstgemachtem Schinken, was besonders die beiden aufmerksamen jungen Männer fast zu Tränen rührte. »Sag, liebes Mädchen, bringt deine Familie noch mehr solcher Köstlichkeiten zustande?« fragte der eine, und als Verena sagte: »Mein Cousin Jakob, hinter den sieben Brücken, mit den sieben Küken, macht noch tausendmal besseren Schinken als wir«, da umarmten sie Verena und sagten: »Liebstes Schneewittchen, laß uns auf ewig deine Zwerge sein.«
So ging es hin und her im Zug, und Verena verstand kaum einen Satz. Als sie endlich am Lido von Ascona standen, wo sich nur ganz nah beim Wasser ein leichtes Frösteln über ihren nackten Arm kräuselte, da war Verena so glücklich, daß sie sich am liebsten in kleine rosa Schaumröschen aufgelöst und über den ganzen See verteilt hätte.
Am nächsten Morgen holten die Herren Verena kurz nach dem Frühstück zu einem Spaziergang ab. Und was meine Großmutter vor der Villa von Direktor Baumberger zu sehen bekam, nahm ihr für kurze, selige Sekunden immer wieder den Atem. Denn da standen Palmen! Sie erinnerte sich an einen Kupferstich im Hotel Merian mit einer Palme, die aussah wie ein Farnwedel auf einem Baumstamm. Dickgeschwollene Früchte hatten daran gehangen, Kokos-

nüsse, hatte ihr das Zimmerfräulein erklärt. Auf der Palme saßen Papageien, wie sie Direktor Baumberger in seiner Voliere sitzen hatte, nur viel größer und farbiger, und das Zimmerfräulein hatte sich mit Verena vorsichtig auf die damastbezogene Polstergruppe gesetzt und erzählt, daß dieser Kupferstich von einer Vorfahrin des jetzigen Hotelbesitzers entworfen worden sei, von Maria Sibylla Merian nämlich, die ums Jahr 1700 mit ihren Töchtern Europa verlassen hatte, um im fernen südamerikanischen Surinam zu forschen und zu malen, und daß sie diese Palme gewiß grad so von der Natur gezeichnet hätte.
Auch Indianerinnen hätte die Merian damals kennengelernt und Sklavinnen, dunkelbraun wie eine volle Jauchegrube, und von ihnen hätte sie erfahren, wie Frauen ein Leben ohne die Mühsal von Schwangerschaften und Kindsgeburten verbringen könnten. Und zusammen mit dem Zimmerfräulein hatte Verena in Basel davon geträumt, auch einmal so eine wilde freie Seele zu werden, von deren Fahrten noch nach Jahrhunderten berichtet würde. Denn daß sie mit ihrer Schönheit Geld verdienen konnte, das hatte Verena inzwischen begriffen, nicht aber, wie sich Ewigkeit damit verdienen ließe. Und Kinder wollte sie auch nie bekommen, denn dann wäre ihre so makellose Figur verdorben. Deshalb dankte sie dem Zimmerfräulein artig für die Geschichte über die Vorfahrin der Merians und beschloß bei sich, ir-

gendwann deren Rezepturen gegen Schwangerschaft zu suchen.
Doch jetzt war meine Großmutter in Ascona, wollte gar nichts wissen, sondern bloß mit ihren beiden Kavalieren flanieren, die in der Konditorei am Eingang der Piazza ein Stück Mandelgebäck und süßes, trokkenes Brot für sie erschwatzten. Die Piazza lag da wie eine Filmkulisse. Auf der Seeseite säumten neben den Palmen schattige Platanen das Ufer, ein Landungssteg stand auf Pfählen im Wasser, Fischerboote waren vertäut, Netze zum Trocknen aufgehängt. Kräftige Wäscherinnen wuschen im See, und ihre Seife färbte das Wasser milchigblau. Am Ende der Piazza, wo der Weg zur großen Landzunge hinausging, stand in einem Garten das Castello mit seinen Turmzinnen und Spitzbogenfenstern. Verena blieb mit offenem Mund davor stehen, lange genug, um einen blonden Menschen zu sehen, der sich rauchend und mit nacktem Oberkörper auf ein Balkongeländer stützte. Er trug nichts als kniekurze enge Hosen, erst dachte Verena entsetzt, er stünde in Unterwäsche vor ihr, doch dann sah ihr modegeübtes Auge beruhigt, daß es nur ein Paar Trainingshosen war, wie sie auch Boxer zu tragen pflegten. Ein bißchen Klaviergeklimper drang auch noch aus dem Castello, Verenas Begleiter flüsterten aufgeregt von einem »Ballettsaal« und eilten mit glühenden Gesichtern die Straße hoch.

Erst im Innenhof des ehemaligen Klosters machten sie halt, bekreuzigten sich lachend, der eine sagte: »Verschon uns Gott vor Sünden«. »Vor Strafen aber auch«, witzelte der andere, und Verena verstand wieder einmal nichts. Dafür stellte sie sich vor, wie sie in einem kurzen roten Kleid unter der Bananenstaude in diesem Innenhof sitzen würde, und die Insassen des Kloserseminars lugten alle durch ihre Türspione oder Schlüssellöcher auf sie herab. Vielleicht säße sie auch nur in einem Badeanzug unter den riesigen Blättern oder mit noch weniger, und die Seminaristen hinter den verriegelten Türen trügen höchstens Trainingshosen wie der Tänzer im Castello oder noch weniger.
Und so machten der berühmte erotische Hochdruck über Ascona und der beinah nackte Mann meine Großmutter zum ersten Mal zu einem jungen Frühlingsgeschöpf, das sich kaum mehr von den Katzen zu Hause auf dem Dorf zur gleichen Jahreszeit unterschied. Und während ihre Begleiter mit großem Sachverstand die bleichen Fresken im Chor der Kirche betrachteten und mit bloßer Zunge darüberfuhren, um ihre alte Farbigkeit hervorzuholen, kauerte sie sich hinter eine Kirchenbank, zog sich mit einem Ruck die Unterhose vom Gesäß, packte sie tief in ihre Handtasche und genoß den warmen Frühlingswind.

Auch Großmutter erfährt, daß tote Fische die Liebe nicht retten

Vor dem Café Verbano an der Via Borgo, der Hauptgasse von Ascona, saß eine Gruppe, so elegant, als hätte einer eine ganze Seite aus einem Modekatalog auf die wirkliche Masse der fotografierten Menschen vergrößert und in den Schatten der Hausmauer gestellt. Doch die Menschen redeten nicht italienisch, sondern das geschliffenste und geschwindeste Hochdeutsch, das meine Großmutter je gehört hatte. Und so stand sie und staunte und merkte gar nicht, daß ihre Begleiter bereits reihum Hände schüttelten und kleine Plaudereien anfingen. Plötzlich stand eine der Frauen vor Verena, mit glattem, schulterlangem Haar, das hellem Sommerstroh glich, mit großen, grünen Schilleraugen und gebräunter Haut. Die Frau trug weite, weiße Hosen, weiße Stoffschuhe und eine Bluse mit weichfallendem Matrosenkragen, dessen Kanten ihre Schultern eckig in die Breite dehnten. »Große Güte, was bist du für ein schönes, scheues Kind«, sagte die Frau, nahm Verena bei der Hand und zog sie mit sich an einen der kleinen Bi-

strotische, wo sich Verenas hübsche Männer bereits unter die Deutschen gemischt hatten.
Die Frau hieß Marlis, war zur Hälfte Dänin und zur Hälfte Deutsche und gehörte zu einer Berliner Ballett-truppe, die nach Ascona gefahren war, um Nackttänze für einen Film über europäische Künstlerkolonien aufzunehmen. Verena Nyffenegger aus der bravsten Schweizer Provinz zuckte beim Wort »Nackttänze« merklich zusammen, alle lachten, und Marlis holte ein Bündel mit Fotografien aus ihrer Handtasche, auf denen immer sieben Mädchen zu sehen waren, die zusammen am Seeufer Reigen tanzten, nebeneinander in einer Reihe an Land stiegen oder sternförmig auf dem Wasser trieben. Verena erkannte die Figuren aus ihren Abenden in der Damenriege wieder und mußte zugeben, daß die Berlinerinnen weitaus geschickter waren als die Dorffrauen zu Hause. Nur waren die Berlinerinnen eben nackt. »Und wer hat die Fotos gemacht?« fragte Verena und war nichts mehr als ein vor Neugier glühender Backfisch.
»Markus und Marcel«, sagte Marlis, »das sind die beiden Kameramänner für die Filmproduktion, und hier siehst du die ersten Probefotos.« Und Verena dachte begeistert, daß Nackttänzerin zu sein wohl noch besser wäre, als nackt unter der Palme im Klostergarten zu liegen.
Am Abend stahlen sich Verena und ihre Beschützer mit den Berlinern davon, dem See entlang bis zur Ta-

verna und zum recht gesitteten Tanzvergnügen. Die »Taverna« war ein großes, bräunliches Haus, nicht üppiger als eine Turnhalle. Drinnen aber war sie zu Verenas Entzücken weitaus mondäner als ihr gewohnter Tanzsaal im »Ochsen«: Es war ein hoher, rechteckiger Raum in grauen und rotbraunen Farbtönen, und hoch über dem Parkett schwebte ein flaches Gewölbe, das hellblau und resedengrün ausgeleuchtet war, als glitte man unter dem Seespiegel dahin. Und spielte die Kapelle, die ihren Platz in der Rückwand auf einer erhöhten Bühne hatte, einen Tango, so leuchtete das Gewölbe himbeerrot auf. An Drähten hingen farbige Paierlampions und torkelten leicht wie betrunkene Glühwürmchen im Luftzug der Tanzenden.

Verena trank wie alle ein Glas Himbeerbowle, stellte sich dann in den Schatten am Rand der Tanzfläche, wiegte sich leicht in der Hüfte, aber so, daß niemand sie sehen konnte. Denn die Tänzerinnen und Tänzer schienen ihr köstliche Zauberwesen, die nicht von einer wie ihr gestört werden durften, einer geborenen Nyffenegger, mit einem Fabrikarbeiter zum Vater und einem Bauern zum Cousin und noch immer keiner richtigen Zahncrème zu Hause. Verena schaute auf ihre Hände, sah, daß sich von den zwei Wochen Näharbeit seit Basel schon wieder Schwielen zu bilden anfingen, als sich unversehens schlanke, gepflegte und starke Finger um ihre Handgelenke schlangen und sie von Marlis auf die Tanzfläche gezerrt wurde. Marlis lachte Verena mitten in das entsetzte Gesicht, Verena blickte in die grünen Augen, sah plötzlich das erste grüne Buchenlaub im heimatlichen Wald vor sich, fühlte sich wohl und geborgen und tanzte flirrend leicht wie eine Libelle über dem Schilf.

Als sie Marlis wieder in die Augen blicken wollte, sah sich Verena plötzlich in den Armen eines Mannes, der grad so groß, schlank und kräftig war wie Marlis. Verena suchte verwirrt nach ihrer Partnerin, sah sie dann abseits stehen, umgeben von Rauchringen und etlichen jungen Tessinern, die sie alle zurück auf die Tanzfläche führen wollten.

»Pardon, ich bin Marcel«, sagte der Mensch, in dessen französisch gefärbter Stimme Verena sofort mit ihrem ganzen Leib versank. Und dann kam alles, wie es meistens kommt: Marcel erzählte, wie er vor dem Film viele Jahre in Paris gearbeitet hätte, als Fotograf, wie er sich auf Aktbilder spezialisiert hätte und wie gerne er Verena einmal ablichten würde, ob ihr der nächste Abend recht wäre, er hätte sich da im Castello ein kleines intimes Atelier eingerichtet, gleich neben dem Ballettsaal.

Und er redete immer weiter, wie er sich Verena vorstellen würde, auf jeden Fall mit etwas Granatrotem um den hellen Leib oder in geheimnisvollen Tiefseefarben. Und als Verena mit ihrem hinterletzten Rest an Verstand einwarf, daß dies auf den schwarzweißen Bildern gar nicht zu sehen sei, antwortete er dicht an ihrem Ohr, daß sich das Auge des Künstlers im Moment der Aufnahme im Zustand einer ekstatischen Zufriedenheit befinden müsse, dann nur würden die Bilder vollkommen. Meine Großmutter vergaß sich, bog halb ohnmächtig ihren Hals zurück, so daß ihr Mund nah unter dem des Künstlers zu liegen kam, und ließ sich zum ersten Mal in ihrem Leben richtig küssen.

Und als sie gewahr wurde, daß zwischen die beiden Münder recht lange Zeit kein Zeigefinger mehr gepaßt hätte, daß in ihrem Mund ein Geruch von kaltem Zigarrenrauch geblieben war und daß sie diesen Geruch mochte, als sie auch spürte, daß ihre Augen wie zwei kleine, die Tanzlichter spiegelnde Pfützen in ihrem Gesicht liegen mußten, da schämte sie sich für eine kurze Weile. Für eine lange Scham war keine Zeit, denn meine Großmutter war betrunken und geweckt zugleich, und da kam auch schon der Trost von Marlis, die ihr eine Herrenjacke um die Schultern legte, sie anlachte und mit ihrer Hutkrempe am Kinn kitzelte.

»Ich glaub, dich müssen wir jetzt aber ins Wasser werfen, sonst entschläfst du uns hier noch selig«, sagte sie, pfiff durch die Finger, rief: »Mädels, auf zum See, das Schneewittchen hier muß wieder zur Vernunft kommen. Laßt uns zum Floß schwimmen!«

Meine Großmutter rannte mit den sieben professionellen Nackttänzerinnen um die Wette zum Ufer hinunter, rannte erst über sandigen Rasen und dann über den feinsten Sandstrand, den sie je gesehen hatte. Sie versuchte auch mutig, es den Berlinerinnen nachzutun, die ihre Kleider auszogen und mit viel Gespritze und Gelächter zum Floß hinausschwammen, aber so sehr meine Großmutter auch ein Landkind war, einen Schweizer See im April vertrug sie dann doch nur bis knapp unterhalb der Kniekehle. Und weil der Sternenhimmel so prächtig war und der Sandstrand so weich, schlüpfte sie wieder in ihr Kleid, legte sie sich hin, schlief ein und träumte von einer Schwesternschar schöner Meerjungfrauen.
Mit ihnen tauchte sie unter den Wasserspiegel, tauchte ab in eine Welt, wo alles schimmerte wie blaurosa Perlmutter. Silber wuchs dort in langen, biegsamen Fäden und Fächern aus Steingebilden, von denen manche Ruinen glichen, andere versteinerten Menschen und Tieren. Und alle lächelten. Es war eine helle Welt, ganz still auch, und Verena dachte sich im Traum: So muß das Jenseits sein, so in eine kostbare Masse aus Ruhe und Schönheit gegossen. Doch wie sie sich schon auf den Tod zu freuen anfing, wurde sie abgelenkt von den Unterwassermädchen, die zwar keinen Fischschwanz besaßen, dafür kaum sichtbare Kiemenlamellen an den Schläfen. Die Mädchen sahen aus wie die Berlinerinnen,

etwas bleicher und fülliger allerdings, doch das war wohl nur die vom Wasser verzerrte Sicht, keine richtige Verwandlung.
Verenas Augen hefteten sich ohne Arg an diese Leiber und freuten sich daran, an den Korallperlen, die jede auf der Brust sitzen hatte, und an den dunklen Dreiecken, die nach dem Muster eines ebenmäßigen Sternbildes geschnitten sein mußten. Und dann wußte sie nicht mehr, wie ihr geschah, denn eine wie Marlis stand plötzlich vor ihr, strich ihr mit einer Fingerkuppe der Wirbelsäule entlang und tiefer, Verena fuhren warme Stiche leibabwärts, sie mußte die Augen schließen, stöhnte und merkte, daß sie eben ihren Traum verlassen hatte. Und daß die Wirklichkeit am Strand von Ascona noch viel unwirklicher war. Denn da waren nicht nur sieben nackte, noch vom Schwimmen nasse Berlinerinnen, da war sie, Verena, die auch vor dem Ball in der Taverna ihre Unterhosen nicht wieder angezogen hatte und der im Schlaf das Kleid bis in die Hüften hochgerutscht war.
Sie wollte sich aufrichten, das Kleid wieder über den Knien zurechtziehen, doch blieb dies ein Versuch, denn erstens war sie betrunken, und zweitens war Marlis, nach einem kurzen, versonnenen Glitzern in den Augen, schneller. Zwei von Marlis' Begleiterinnen öffneten derweil Verenas Kleid mit den von Hand überzogenen Stoffknöpfen und schlossen ihre

Lippen um die beiden Brustknöpfchen, die hart wurden wie Rosenfrüchte im Herbst.
Am nächsten Morgen erwachte meine Großmutter mit einem leichten Schnupfen und einer schweren Süße im ganzen Körper. Sie wußte nicht mehr, was genau Traum gewesen war in der vergangenen Nacht, beschloß dann, daß alles einer gewesen sei, denn sonst hätte sie sich in Ascona nicht mehr auf die Straße gewagt. Im Verbano saßen auch prompt die sieben Berlinerinnen, Markus und Marcel, Verenas sonst so treue Begleiter und der Ballettänzer aus dem Castello. Nur die Mannequins aus der Kantonshauptstadt fehlten noch, und Verena dankte dem Himmel, denn sie hatte das Gefühl, noch immer in diesem neuen, unheimlichen Körper aus ihrem Traum zu stecken. Vor allem ihren Augen traute Verena nicht mehr, die Wimpern schienen ihr schwerer und voller, kaum konnte sie die Lider heben, ein Augenaufschlag war zu etwas Verdorbenem geworden wie gefährlich gärender Apfelsaft.
»Schneewittchen, Schneewittchen, was bist du so schön und blaß!« riefen Verenas Begleiter zur Begrüßung.
Sie lächelte geheimnisvoll mit Lippen, in die fremde Küsse eine bleibende Röte geätzt hatten, setzte sich dicht neben Marlis, lehnte sich an sie und flüsterte in das perlendurchbohrte Ohr: »Sag, euer Marcel, der würde mir schon gefallen. Was soll ich tun?«

Marlis, die Ungenierte, rief sofort über mehrere Bistrotische: »Marcel, mein Süßer, hier ist übrigens das letzte Opfer, das dein Auto noch nicht kennt!«
»Wer könnte das denn sein, o Königin?« fragte Marcel zurück, stand auf, kam auf Marlis und Verena zu, strich sich im Gehen durch das schwarze Haar, daß kleine blaue Blitze es durchzuckten, und als Verena sein Lächeln sah, mußte sie selbst laut lachen. Denn genau dieses Gesicht gehörte zu Hause dem Wilderer in der »Tobelprinzessin«, wenn er zum erstenmal aus dem Wald und auf das Waisenmädchen zutritt. Marcel hielt verwirrt inne, Verena verlor ihren Schlafzimmerblick, und wie zwei gewöhnliche junge Leute spazierten die beiden zu Marcels Auto.
Es war ein richtiger Sonnenwagen. Ein dottergelber Buick Coupé. Von vorne glich er einem absonderlichen Löwen, mit viel zu großer Nase und allzu kleinen Augen. Über die Vorderräder wölbten sich Schutzbleche, die Verena an vornehme Liegen im neuen amerikanischen Stil erinnerten, wie sie sie in Basel auf der Mustermesse ausgestellt gesehen hatte. Das Auto war überall rund und wunderbar kühl und ließ sich streicheln, und Verena fragte sich einen Moment lang, ob sich Marcel wohl auch so gut anfassen würde wie dieses Auto. Sie stellte sich vor, wie es wäre, mit Marcel und seinem Auto durchs Leben zu fahren, Stränden entlang und über die Alpen, durch große Städte wie Basel, Berlin und Paris, und

überall würden Menschen die Straßen säumen und ihr zujubeln, wie sie mit langen weißen Glacéhandschuhen aus den abgerundeten Buick-Fenstern winken würde. Ein einziges Mal würden sie auch durch ihr altes Dorf fahren, sie sähe ihre Schwestern in Sonntagstracht mit aufgesteckten Zöpfen, ihren verhaßten Bruder, der allmählich auf der Gemeindekanzlei vergrauen würde, sähe Jakob, den Marcel sofort nackt fotografieren müßte, weil Jakob die beste Vorlage für Marcels großes Arbeiterdenkmal in Berlin wäre.

Solche Gedanken gefielen meiner Großmutter derart gut, daß sie darüber Marcel vergessen hatte, der jetzt verlegen neben seinem Wagen stand. Nach einer halben Stunde drückte er auf die Hupe, meine Großmutter strahlte ihn an und sagte freundlich: »Jetzt hätt ich zu gerne ein Eis.«

»Und?« fragte Marlis, als Verena wieder neben ihr im Verbano saß, »was hast du in all der Zeit ausrichten können?«

»Oh, mir träumte, ich würde Marcel samt seinem Auto heiraten.«

»Und wie küßt er heute?«

»Gar nicht«, sagte Verena, Marlis verdrehte ihre grünen Augen und sagte: »Wenn du Marcel verführen willst, verrate ich dir ein altes Geheimrezept. Du mußt einen Apfel finden, der zur Hälfte schneeweiß und zur Hälfte rosenrot ist. Mit einer Nadel stichst du genau auf die Linie zwischen den beiden Hälften, stichst dir dann mit der gleichen Nadel über deinem Herzen in die Brust und preßt den angestochenen Apfel auf den austretenden Blutstropfen. Der Apfel wird ein wenig von deinem Blut aufsaugen, und den so zubereiteten Bissen gibst du dann Marcel zu essen.«

»Aber bitte, es ist erst April, wo find ich da so einen Apfel?« begehrte Verena auf, die bei aller Träumerei zu gut über die Landwirtschaft und ihre Fähigkeiten Bescheid wußte, »glaubst du, ich durchsuche alle Keller in Ascona? Und überhaupt willst du mir nur einen Bären aufbinden, ich weiß doch genau, daß der weißrote Apfel zum Vergiften gebraucht wird und nicht für Liebeszauber. Sonst könnte die böse Königin damit nicht das Schneewittchen in den Sarg bringen.«

»Kind, Kind«, seufzte Marlis, »wie wenig du doch an Spaß gewöhnt bist. Aber gut, ich verrate dir noch ein anderes Geheimrezept und schwöre dir bei Marcels Auto, daß es wirkt. Du fängst von Hand einen Fisch, der nicht länger ist als ein Teelöffel, steckst ihn in jene Öffnung, durch die jeden Monat dein Blut abfließt, wartest so lange, bis er sich nicht mehr bewegt, ziehst ihn wieder heraus, brätst ihn ungewaschen in Öl und servierst ihn dem Mann, den du liebst.«

Meiner Großmutter krausten sich zwar bei diesem

Vorschlag ein paar gerade nicht sichtbare Haare noch mehr, und sie tat so, als wäre sie eine kühle Seele und würde der hinterhältigen Marlis kein Wort glauben. Doch am späten Nachmittag ging sie zum See, suchte sich eine seichte, sonnenwarme Stelle, blieb über eine Stunde unbeweglich im Wasser stehen, und weil sie in solchen Dingen geschickt war, gelang es ihr tatsächlich, ein Fischchen zu fangen. Die nächste Sache brauchte allerdings viel Mut und Kraft, denn das Fischchen wand sich in Todesangst fast wieder aus ihrer Hand, und meine Großmutter betete laut, während sie das glitschige Tier durch die Öffnung in ihrem Unterleib stopfte, von der sie nicht einmal wußte, daß sie überhaupt ein so geräumiges Hinterland verbarg. Das Gefühl mit dem Fisch im Leib war höchst sonderbar, im Grunde eine Weiterführung des gestrigen Traumes, und Verena hatte eine Ahnung, daß es Möglichkeiten im Leben geben mußte, solches noch öfter zu spüren.

Lange dauerte das Zucken im Innern nicht, die Schwanzflosse zitterte noch eine Weile außerhalb meiner Großmutter weiter, dann war auch sie still, und das Tier war tot. Meine Großmutter zog den Fisch aus sich heraus, wickelte ihn in ein Stück Papier, ging nachdenklich zurück zur Villa von Direktor Baumberger und erbrach sich lange und gründlich. Und dann ging alles sehr schnell: Am nächsten Morgen hatte sie hohes Fieber und eine gefährliche

Blasenentzündung, mußte sich für den letzten Tag in Ascona ins Bett legen und war so schwach, daß sie Marlis ihre eigene Adresse mühsam diktieren mußte. Den Fisch hatte sie am Tag zuvor noch auf dem Balkon an die frische Luft gelegt und vergaß ihn dort bis zur Abreise. Als sie ihn wiedersah, war er gedörrt, sie schlug ihn in frisches Papier und legte ihn zu Hause in ihrer Kommode neben das weiche Paket mit den abgeschnittenen Zöpfen.

Ein Brief aus Berlin und ein anderer über Schweizer Büsten und Brüste

Erst im späten Sommer, als Verena bereits wieder zum Nationalfeiertag auf dem »Blick zur Heimat« getanzt und heimlich für den Metzgergesellen geschwärmt hatte, der gerade so groß und blond war wie der Tänzer auf der Terrasse des Castello, kam ein Brief aus Berlin. Auf der Briefmarke war ein Soldat zu sehen, dessen Augen im Helmschatten verschwanden. Er trug einen Speer und einen Schild, auf den das abgeknickte Kreuz der Nationalen gemalt war, doch neben diesen spärlichen Teilen einer Rüstung schien er nackt zu sein. Meine Großmutter verglich in Gedanken die Heldenmuskeln des deutschen Soldaten mit denen ihres Cousin Jakob, der eben aus dem Militärdienst zurückgekehrt war, trug den leeren Umschlag zu Jakob, er schaute sich die Briefmarke genauer an und wurde bleich: »Wenn die nur nicht bald in die Schweiz einfallen, die haben Böses im Sinn«, sagte er leise und lief davon.

Der Brief war von Marlis.

Berlin, Charlottenburg, im August 1937

Verena, Liebes, Schönes,

wie lange ist es schon her, daß wir Dich und den Frühling in Ascona küßten. Wie lange war ich aber auch aus Deutschland weg, und jetzt, da ich wieder in Berlin bin, jetzt weiß ich, daß ich hierher doch viel eher gehöre als an irgendeinen andern Ort der Welt. Weißt Du, mein Kind, Deine Schweiz ist derart putzig mit dem vielen Blau der Seen und Flüsse, mit den kleinen Wasserfällen auch, die überall so silbrig von den Bergen hinunterstürzen, als ließen oben Weihnachtsengel ganze Wolkenladungen von Lametta fallen. Und die Berge selbst sehen aus wie handgeschnitzt. Auch die Menschen bei Euch sind handgeschnitzt. Mein Gott, erinnerst Du Dich noch an all die muskulösen und braungebrannten Tessiner in der Taverna, die so gute, elegante Tänzer waren, aber nichts zu erzählen wußten außer ihren Dorfgeschichten? Und weißt Du auch, wie Du selbst bist? So ein süßes, kostbares Kind, unschuldig und ohne jeden Arg vor der Lust und ihren Lastern. Wie gerne hätte ich Dich nach Berlin entführt, Dir eine Anstellung als Kammerzöfchen gegeben, und hätte ich gearbeitet, so wäre ein Klavierlehrer gekommen oder ein Student der Kunstgeschichte, die hätten Dich unterrichtet, und Du wärest eine kultivierte kleine Frau geworden und

später das ganze Entzücken eines wohlhabenden jungen Mannes.
Allerdings ist Berlin grad für so unverdorbene Seelchen wie Dich ein gefährliches Pflaster, und auch unser politisches Klima wird immer härter, Du siehst, wie düster und siegessicher der Soldat auf dem Umschlag selbst Gott die Stirn zu bieten scheint, dabei ist er nur von der Fliegerabwehr. Ich habe Angst vor seinem rücksichtslosen Blick und vor dem kleinen Mann mit der Sägewerksstimme. Abgesehen von dieser Angst ist es allerdings recht angenehm bei uns, die Menschen sind aufgekratzt und reich, und sogar eine wie ich ist gut bezahlt und dauerbeschäftigt und muß nicht mehr als Amüsiermädchen durch die Nachtlokale ziehen. Und das Olympiastadion, wo ich im letzten Jahr den Einzug der Fackel begleitet habe, ist mir teuer wie andern eine Kirche.
Ich bin jetzt sogar richtig beim Film, und wie anstrengend das ist, kannst Du Dir kaum vorstellen. Ein Star bin ich allerdings nicht, aber ich arbeite im Ballett für die großen Musikfilme der Ufa, bei denen am Ende immer alle glücklich, anständig, berühmt und verlobt sind. Ich tanze also mit achtzig andern Mädchen an albernen Springbrunnen vorbei, die im Walzertakt Wasser lassen, tanze unter blödsinnigen Himmeln voller Geigennoten und vor wunderlichen, sich drehenden Glücksrädern, aus deren Mitte mit wallendem, aufgesetztem Goldhaar die Fortuna mit ihrem Füllhorn entsteigt.
Sonst verdiene ich mir ein Zubrot als »Double«, das heißt,

ich schwitze für die richtig großen Stars, denn ein Filmatelier ist ein heißes Plätzchen, und ein Star ist schließlich wie ein rares, zartes Blümchen. Der welkt und schrumpft, den muß man vor allem behüten, außer vor Propagandisten und Autogrammsammlern. Er darf nie ermüdet werden, und vor allem darf er nie so gemein sein, zu schwitzen. Und dies zu verhindern ist nun meine Aufgabe. Denn ehe bei uns die Aufnahmen anfangen, müssen zum Beispiel die Lichter plaziert werden, und die Beleuchtungsmeister machen sich unter den Befehlen des Regisseurs an die Arbeit. Nun kann aber niemand von einem Star verlangen, daß er in der Hitze der Lampen herumsteht, während dies alles geschieht. Also suchen sie eine, die ungefähr die gleichen Maße hat wie der Star und eine flüchtige allgemeine Ähnlichkeit. Die stellt sich hin, bis alle grobe Arbeit getan ist, und ihre Stirn trieft von ehrlichem Schweiß. Wenn alles eingerichtet ist, kommt die Diva, kühl und unberührt wie eine Christrose im Schnee, setzt den Fuß in die Kreidestriche, und das Double löst sich in Wohlgefallen und in Luft auf. Dies tu ich also, und weil ich nun kein sehr kleines Frauenzimmer und eine harte Arbeiterin bin, geben sie mir doppelt soviel zu tun wie anderen Doubles, denn ich kann nicht nur die großen Damen auf Absätzen markieren, sondern auch manchen kecken jungen Kerl.

So ist mein Berliner Leben also bei allem Schweißtreiben gut und lustig, und immer, wenn ich meine Stadt für ein paar Wochen verlassen muß, habe ich eine heiße, fiebrige

Sehnsucht nach ihr. Aber ich merke auch nur außerhalb von Berlin und von Deutschland, daß wir über Europa hängen wie eine trächtige Gewitterwolke. Erinnerst Du Dich noch an die paar Deutschen mit ihren prächtigen Villen in Ascona? An das von Juden geführte Kinderheim, an den Wuppertaler Bankier mit dem langweiligen Gesicht und seine Gesundbeter vom Monte Verità? Die sind alle schon vor vielen Jahren geflüchtet. Ja, ich habe Angst, das sag ich selten, aber Dir sag ich es, damit Du trotz allem in Deinem sicheren Leben bleiben magst. Denn so wie Du bist, mit einem so großen Herzen und einem Geist, der ist wie ein eigenartig ausgerüsteter Magen, in dem ein Brotkrümel zu einem ganzen Affenbrotbaum auswachsen kann, glaube ich nicht, daß aus Deinem sicheren Leben je ein kleines werden sollte.

Es gab bis vor wenigen Monaten eine wie Du, die hieß Lou, und daß es sie jetzt nicht mehr gibt, habe ich erst bei meiner Rückkehr aus Ascona erfahren. Lou war auch eine Unerschrockene und Neugierige wie Du, ein ewiges Kind, das Liebe nahm, wo Liebe vergeben wurde, und den Menschen pure Gedankendiamanten zurückgab. Ich glaube, diese Lou ist von mehr bedeutenden Männern begehrt und geliebt worden als Kleopatra, für jeden von ihnen war sie das größte Frauen- und Geistesgeschenk, das ihm der Himmel im Leben zugestehen konnte, so überirdisch gar, daß einer sie bei der ersten Begegnung fragte: »Von welchen Sternen sind denn wir einander zugefallen?« Und ein anderer, ein Lehrer, der sie sehr verehrte, schrieb aus

Zürich, wo sie studierte, an ihre Mutter im rauhen und fernen Rußland: »Ihr Fräulein Tochter ist ein weibliches Wesen ganz ungewöhnlicher Art: von kindlicher Reinheit und Lauterkeit des Sinns und zugleich wieder von unkindlicher, fast unweiblicher Richtung des Geistes und Selbständigkeit des Willens und in beiden ein Demant.«
Ach, mein Liebes, ich habe große Sehnsucht nach Dir und wünsche Dich mir zum Schwesterchen, das ich wenigstens alle paar Wochenenden bei mir haben und abgründig verwöhnen dürfte. Ich zeigte Dir meine wilde, lebendige Babelsberger Filmwelt, aber vor allem würden wir uns alle Zeit und allen Luxus nehmen, in den Mittag hineinschlafen, dann unser schönstes Nachthemd anziehen, im Bett sitzen, leckeren Toast und exotische Früchte essen, Illustrierte lesen, uns vielleicht zur Teezeit aus dem Bett bequemen, in unkomplizierter Nachmittagsgarderobe in der Orangerie von Schloß Charlottenburg Kaffee trinken, uns feinmachen, bei Kempinski speisen und uns dann im Wintergarten amüsieren.
Doch vielleicht wäre dies unpassend, vielleicht müßte ich Dich in elegante, ernsthafte Gesellschaften einführen, unter Literaten und Journalisten bringen, denen Du eine lieblich strahlende Muse wärst und die Dir ihre gescheiten Sätze wie Zuckerstücke vorwerfen würden, damit sie sich in Deinem Geist in raffinierte Kindermärchen und weise Gleichnisse verwandelten. Verena, liebe Verena, ich glaube, Du bist nun mein eigenes junges Lou-Mädchen. Wekken muß man Dich allerdings, ganz sanft, so wie Du zu

Hause den kleinen Küken auf die Welt hilfst. Und vorsichtig, damit der nasse Flaum sich nicht irgendwo verhängt und das Tier gefangenhält, sondern trocknet und voller Luft und Glanz und eine gute, warme Robe wird. Gerührt nehme ich hier von Dir Abschied, wie von einer kleinen Heiligen, zu der meine Gedanken wallfahren, und auch wenn ich nicht an Gott glauben mag, so werde ich für Dich eine Kerze anzünden.

Es grüßt und umarmt Dich Deine Marlis

Meine Großmutter trug den Brief fast einen Monat lang in ihrer Schürzentasche mit zur Arbeit, nahm ihn zu sich ins Bett, las ihn vor dem Einschlafen und bei Tagesanbruch, legte ihn im Gottesdienst so zwischen die Seiten des Kirchenbuches, daß sie jeden Sonntag eine andere halbe Seite der drei Blätter vor sich hatte und auswendig lernen konnte. Es war der erste richtige Brief, den sie in ihrem Leben bekommen hatte, vielleicht sogar der erste Liebesbrief, und lange arbeitete sie an der Antwort, schrieb die neue Fassung alle paar Tage ins reine. Sie fürchtete den Tag, an dem sie ihn zum Postamt bringen würde, denn dann wäre nichts mehr zu verbessern, nichts mehr anzufügen, Marlis wäre enttäuscht von diesem dummen Kind und würde nie mehr antworten. Natürlich wäre sie gerne nach Berlin gereist und bei Marlis in Anstellung gegangen, hätte sich um den

Haushalt gekümmert, sich auch nach den Plänen ihrer Arbeitgeberin weitergebildet, nur weggeheiratet hätte sie nie. Wozu Marlis verlassen, wenn sie endlich bei Marlis hätte leben können? Und da mußte meine Großmutter sich eingestehen: Die blonde Marlis aus Berlin mit den buchenwaldgrünen Augen war ihre erste Liebe. Und als sie dies wußte, da wurde ihr Herz noch schwerer, und als sie die Antwort endlich wegschickte, fühlte sie sich wie ein junger Mann in den ersten ungewissen Sekunden nach einem Heiratsantrag.

15. September 1937

Liebe, liebe Marlis

Ich danke Dir, Dein Brief aus der großen Welt hat so wohlgetan. Natürlich gibt es mich noch, denn bei uns sind die Dinge, wie sie eben immer zu sein pflegen: Die Kühe sind mit Kälbern trächtig, die Apfelbäume mit Äpfeln, und statt Orangen wie jetzt vielleicht im Tessin fallen einem höchstens Kastanien auf den Kopf. Ich bin zwar noch ein junges Ding, aber eben auch nur ein verderblich Ding, das sagte mir meine Mutter deutlich, als ich aus Ascona zurückkehrte und wohl etwas allzu freudig von unseren Ferienerlebnissen berichtete. Und weil ich nun verderblich bin wie ein Stück Obst oder Gemüse, muß ich mich eben auch langsam darum sorgen, wie ich mich über all die kommenden Jahre bringen kann. Das wurde mir gestern mit viel Schrecken bewußt, als ich Direktor Baumberger zum Einkaufen nach Luzern begleitet habe, wo gerade eine neue Büsten-Werkstatt eröffnet worden ist.

Du kannst Dir kaum vorstellen, wie der Vorführraum der Werkstatt aussieht: Da stehen gegen dreißig weiße Frauen und Männer, das heißt, nur ihr Rumpf steht da, die Beine haben sich in einen Holzständer verwandelt, mit einem soliden Fuß wie bei einer Lampe, Arme und Köpfe haben sie keine. Die Damen haben im Gegensatz zu den Herren zwei spitze Brusthügelchen und in der Taille eine zusätzliche Naht, und genau dort, wo sich zwischen Brustspitzen und Naht ein gleichschenkliges Dreieck ziehen ließe, sitzt bei den Damen auch noch ein Bauchnabel. Wozu es den nun braucht, sehe ich nicht ein, denn warum braucht eine Schneiderin zu wissen, wo auf der Welt der Bauchnabel ihrer Kundin sitzt? Ich gebe allerdings zu, daß diese Damenrümpfe viel interessanter zu betrachten und zu berühren sind als die Stoffmänner, die doch eher gefüllten Säkken gleichen.

Die Büsten-Werkstatt behauptet, daß alle Menschen, die in jungen Jahren eine Büste nach ihren jungen und damit wohl besten Maßen anfertigen ließen, ewige Jugend besitzen würden. Ich habe zuerst nicht verstanden, wie dies genau vor sich gehen sollte, ob man vor dem Schlafengehen zu dem Büsten-Gespenst statt zum lieben Gott beten müßte, doch Direktor Baumberger hat mir alles erklärt:

Die Sache ist, sagte er, daß ich mit etwas Disziplin bis zum ersten Kind genau die idealen Maße behielte wie meine Doppelgängerin, die ewig meinen achtzehnjährigen Körper haben werde. Nach der Geburt dauerte es allerdings einige Monate, bis ich mit Turnen und strenger Diät wieder in meine alten Kleider passen würde. Und hätte ich erst zum zweitenmal geboren, so würde er, Direktor Baumberger, mir von seiner geschicktesten Korsettschneiderin elastische Unterkleider mit Fischbeinstäbchen nähen lassen, die meine Figur noch jahrzehntelang auf die Maße der Mannequin-Büste zurechtpressen würden.
Ich dankte ihm, und dann übergab er mich, seine zwei schönsten Mädchen aus der Kantonshauptstadt und die beiden unzertrennlichen freundlichen jungen Männer einem Fräulein, das sehr anständig unseren Brust-, Taillen- und Hüftumfang und die Länge zwischen Schritt und Schultern vermaß und in eine Tabelle eintrug. Das Fräulein trug einen anmutigen hellen Pullover und einen schwarzen Gürtel um die schmale Taille, und Pullover wie Gürtel schmiegten sich derart an sie, daß von dem schlanken Figürchen nichts verborgen blieb, auch nicht die zierlichen Brusthügelchen, von denen jedes gewiß sehr angenehm und fest eine Hand gefüllt hätte.
Nach den Vermessungsarbeiten durften wir alle noch ein Geschenk auswählen, und ich wünschte mir ein Armnadelkissen mit rotem Samtbezug, weil mich dies an Sisis Krönungsmantel erinnerte. Und als ich wieder zu Hause war, setzte ich mich mit dem Armnadelkissen hinter dem

Haus in den Abend, und mit dem Untergang der Sonne wurde das helle Rot des Kissens immer dunkler, bis es die Farbe von Blut hatte, wie es einem frischgeschlachteten Schwein noch aus der getroffenen Ader spritzt. Oder von rotgeküßten Lippen. Und da mußte ich an Deinen lieben Mund denken, der zarter ist als alles, was es in meiner Welt sonst gibt, und artig bedankte ich mich bei den Luzerner Stoffpuppen für diese Erinnerung.

Trotzdem war es unheimlich gewesen, unter diesen stillen halben Leuten zu spazieren, ich wünsche mir eine Gesellschaft doch ganz anders, voller Leben wie Ihr in Ascona, auch wenn mir Gott nicht genug an Verstand gegeben hat, um Euern Gesprächen so zu folgen, wie Ihr dies verdient hättet. Ich bin eben ein ungebildeter Backfisch vom Land, nimm es mir bitte nicht übel, aber wenigstens eines weiß ich, nämlich daß Du und die andern aus Berlin gute Menschen seid, und Euch zu kennen ist mir ein großes Glück.

Ja, das wäre schön, so mit Dir im Bett zu liegen und in den Tag hineinzuträumen. Und dann noch in Illustrierten zu blättern, wo ich mich doch so sehr in die erste Nummer einer neuen und kühnen Schweizer Frauenillustrierten verliebt habe! Und weil ich noch nie etwas so Poetisches gelesen habe, schreibe ich Dir hier den letzten Abschnitt von Seite 9 ab. Die Überschrift heißt »Zum Geleit«, und wie ich es zum ersten Mal las, dachte ich, eine fürsorgliche Person hätte diese Sätze nur für mich geschrieben und mit der Nelke mich gemeint. Vielleicht hast ja Du ganz heimlich diese Seite vollendet.

Da steht nämlich: »Als unser Symbol haben wir die Nelke gewählt, treueste und unwandelbarste aller Blumen. Begleitet sie uns nicht durch die wechselnden Jahreszeiten, steht Sommer und Winter, Frühling und Herbst bereit und nimmt es niemals übel, wenn wir sie ob einer augenblicklichen Laune beiseite schieben? Wohl duftet die Rose berauschender – doch wie schnell verliert sie ihren Duft und entblättert sich. Wohl ist die Orchidee seltsamer geformt und unwirklich schön – doch werden wir ihrer nicht bald überdrüssig, weil sie in den Alltag nicht recht passen will? Wohl stehen wir verzaubert vor der Pracht einer Dahlie – doch faßt uns nicht ein banges Herbstgefühl bei ihrem Anblick? Wohl hat jede Zeit ihre Blüte, der wir freudig huldigen – die Nelke aber ist zeitlos und ungebunden, Vertraute und liebliche Freundin der Frau. So wie sie – bescheiden und doch stolz, voll feinen Duftes und doch unaufdringlich, treu und beständig, keinen Launen unterworfen –, so wollen wir Sie durch die Monate des Jahres begleiten.«

Weißt Du, genau so möchte ich sein, wie die Nelke, und ich schäme mich, daß ich jemals nach einem Ruhm und einer Pracht verlangte, die mir gar nicht zustehen. Ich bin nicht die Kaiserin Elisabeth, oh, nein, ich bin nur das kleine Mädchen mit dem Armnadelkissen, das auch im Sterben noch von Sisi träumen wird und deshalb reicher stirbt als ein Mensch ohne Vorstellungskraft. Ich bin nicht Sisi, und Du bist kein Star, aber gemeinsam könnten wir doch ein Geschwisterglück und ein Auskommen haben, Du als Tänzerin und ich als Kostümschneiderin bei der Ufa.

Du glaubst es kaum, zur Zeit habe ich sogar an meinem Beruf ein großes Vergnügen. Als ich nämlich sah, wie sich in der Frauenillustrierten die Mannequins mit den schweren Herbst- und Wintersachen abplagten, da dachte ich daran, einen Geheimbund für Modewissen zu gründen. Bei McQueen arbeiten wir nämlich bereits an der nächsten Frühjahrskollektion, und die ist von einer Leichtigkeit und einer Kokettierfreude, daß ich Dir mit ein paar Eindrücken ein Verlangen danach auf den Leib schreiben möchte. Zuallererst ist da ein Mäntelchen aus schwarzem Wollstoff mit einem eingesetzten beigefarbenen Vorderteil, das mit zwei kurzen Kreuzarmen die Taille zu umfassen scheint. Es ist ein Musterbeispiel der schlank machenden Schneiderkunst und wäre gerade mit Deinen weich fallenden Hosen sehr kleidsam. Dazu noch ein kleines schwarzes Kutscherhütchen, und ganz Berlin könnte Dich nicht mehr übertreffen. Eher für mich wäre daneben das blaue, weißgepunktete Surrahkleidchen mit dem leicht geweiteten Rock und dem hohen Gürtel. So könnten wir zusammen durch Berlin flanieren, ich ein junges Dämchen und Du von weitem ein eleganter Gentleman, und erst, wenn wir den Leuten dicht an der Nase vorbeispazierten, würden sie überrascht und entzückt feststellen, daß sich da zwei Frauen so vergnügt an den Händen fassen.

Meine liebste Marlis, wieder und wieder sehe ich uns und die andern in Ascona, und was ich dann spüre, ist eine große Qual, die mich fast entzweireißt. Ich versuche, da-

gegen mit einem Zauber anzukommen: Ich nehme einen Krug voll Wasser aus unserem Dorfbach und werfe eine Handvoll Steine hinein, die ich in einer Vertiefung mitten im Feld gesammelt habe. Dann nehme ich den kleinen, verdorrten Fisch, den ich aus Ascona mitgebracht habe, lasse ihn für die Länge eines »Vaterunser« im Krug schwimmen, seine Schuppen fangen wieder leicht an zu schillern, als wäre er lebendig, ich nehme ihn aus dem Krug, packe ihn wieder sorgfältig in Papier und trinke genau eine Tasse von dem Zaubertrank. Dann ist mir ein bißchen wohler.

Was Du von dieser Lou schreibst, gefällt mir gut. Allerdings scheint sie ein durchaus ernsthaftes Leben geführt zu haben, doch weiß ich eben noch zuwenig über sie, als daß ich nein oder ja sagen könnte auf die Frage, ob ich Dein Lou-Mädchen bin. Doch wenn ich ja sage, bist Du dann meine Kaiserin Elisabeth? Ich bitte Dich darum, wie ich noch nie jemanden um etwas gebeten habe, denn als ich mir Dich in dem taillierten Mantel und dem Kutscherhut vorstellte, womöglich noch mit einer Peitsche in der Hand und hohen rehfarbenen Reitstiefeln, da sah ich die Kaiserin vor mir, wie sie auf einem Lipizzaner in der Hofreitschule zu Wien ihre Runde dreht, wie sie dem Pferd dabei Dinge von Nacht und Freiheit ins empfindsame Ohr flüstert und es gegen Mitternacht leise wieder aus dem Stall entführt, mit ihm durch Wien jagt, ihm die Sporen in die Flanken rammt, bis das Tier von Schmerz und Lust aufgestachelt hochsteigt, um den nächsten Bett-

ler oder Bürger auf der Straße unter seinen Hufen zu zermalmen.
Marlis, Marlis, so mächtig sehe ich Dich in der Welt und in meinem Leben, ja, ich bete Dich an und habe Dich von ganzem Herzen lieb.

Dich grüßt mit einem innigen Kuß Verena

Michael und ich schänden das Grab der heiligen Marie

Es ist ein Herbsttag, wie's schon lange keiner war, die Welt sieht aus wie das Darminnere eines Goldesels, und ich sitze wieder mit Michael in Berlin im Café Einstein. Gerade habe ich ihm aus den Jugendgeschichten meiner Großmutter erzählt und setze zum Schluß an, der in Michaels gierigem Geschichtenherz bis zu unserem nächsten Zusammentreffen steckenbleiben muß.

»Natürlich kam meine Großmutter nicht zu Marlis nach Berlin«, fahre ich fort, »denn es kamen ein Todesfall, ein Krieg und kurz vor diesem die vernünftigste Lösung von allen: Meine Großmutter heiratete einen braven Mann vom Land. Der Todesfall betraf ihre jüngste Schwester, mit der Verena so viele Jahre über ein enges Zimmer geteilt hatte. Zuerst war sie über den Auszug der Schwester und über ihr erstes eigenes Zimmer so froh, daß sie darüber die Schwester vergaß und auch nicht aufhorchte, als die Mutter ihr erzählte, die Margrit sei in Basel in die Dienste eines Herrn Merian getreten. Erst als sie eine persön-

liche Adventskarte erhielt, die ihre Schwester heimlich gestohlen hatte, wurde ihr bang: Es war ein dickes, caramelcremefarbenes Blatt mit einem rotbraun abgezogenen Kupferstich, der zeigte Stechpalmen, Tannzweige und Misteln, nicht etwa festlich geschmückt, sondern nüchtern wie aus einem Naturkundebuch, und darunter stand: Nach Maria Sibylla Merian, 1684 und Die besten Grüße zum Fest entbieten Paul Merian Junior und Gattin.
Da wußte Verena, daß sich ihre Schwester im Haushalt des Paul Merian Junior befand und daß dieser außerhalb der Theaterlogen tatsächlich verheiratet war. Sie rannte zu ihrer Mutter, wollte sagen: Du, wir müssen das Margritli aus Basel zurückholen, dieser Merian ist ein gemeiner Schuft!, doch da fiel ihr ein, daß sie die Mutter über ihre eigene Bekanntschaft mit dem Schuft hätte aufklären müssen und daß ihr die Mutter nachher gewiß die Mannequin-Aufträge in anderen Städten verboten hätte. So hielt sie zu Hause den Mund und betete dafür in der Kirche um so lauter. Alles half nichts: Margrits Arbeitgeber wußte sehr wohl, aus welcher Familie seine neue Haushaltshilfe kam. Sie gefiel ihm bei weitem nicht so gut wie Verena, doch kannte er auch andere Methoden, den kleinen Mädchen aus armen Familien das Leben zu verderben.
Er befahl seiner Frau, der seine Boshaftigkeit so süß schmeckte wie reines Zuckerwasser, das Dorfdirn-

chen härter zu halten als die anderen Bediensteten, ihr kein Bett, sondern nur einen mit Heu gefüllten Sack und eine dünne Wolldecke in die Hand zu drücken, sie unbedingt in einem Zimmer mit Steinboden schlafen zu lassen und ihr keine Waschgelegenheit zu geben, außer in der Küche. Demütigen wollte er sie, bis sie schieres Blut schwitzte. Doch als die Köchin Margrit zum ersten Mal frühmorgens in der Küche am Spülstein stehen sah, mühselig damit beschäftigt, sich unter einem Wolldeckenumhang zu waschen, der aussah wie das Wickeltuch einer griechischen Figur im Merian-Park, da mußte sie lachen und bot dem Mädchen an, ihr eigenes Waschgeschirr zu benutzen, sobald sie am Morgen ihr Zimmer verlassen hätte.

Die dürftige Schlafstatt auf dem Steinboden fraß sich mit dem Einbrechen der Winterkälte hartnäkkig in Margrits Lunge. Erst war sie erkältet, nach zwanzig Tagen schloß sich eine feste Klammerhand um ihre Lungenflügel, und als sie an einem frostigen Novembermorgen zum Markt geschickt wurde, wo sie je nach Laune der Herrin mit ihrem eigenen Geld bezahlen mußte, wie das unter den geizigen Baslern damals Gepflogenheit war, da brach sie auf dem Marktplatz im Fieber zusammen. Als sie unter den aufgeregten Marktfrauen wieder zu sich kam, sah sie das rote Basler Rathaus vor sich, flüsterte: Da haben sie eine ganze Ochsenherde auf dem Dach geschlachtet, verdrehte ihre Augen und war bewußtlos.

Die Marktfrauen holten die Merian-Köchin, die holte einen Arzt, legte das Mädchen mit Essigsocken an den Füßen, Kartoffelbreiumschlägen auf der Brust und viel Tee für einige Stunden ins große Köchinnenbett, packte heimlich Margrits Sachen, kaufte zwei Fahrkarten und brachte das kranke Kind am gleichen Tag zu seiner Familie zurück. Vater, sag, hast du grad einen Kübel voller Schweineblut? fragte Margrit, als sie von den verschreckten Eltern empfangen wurde, ich möchte so gerne Blutwurst kochen. Mutter, liebe Mutter, schütt' doch meinen Schuh noch dazu, ich bitt dich, Blut ist im Schuh.

Feuerrosen blühten auf Margrits Wangen, und glasig schauten ihre Augen in das düstere, enge Elternhaus, das im Vergleich zur Villa der Merians aussah wie ein rußiger Kamin. Am Ende des Kamins sah sie ein Stück Himmel, der war weiß mit goldenen Schneeflocken, und ein süßes Lachen girrte durch den Kamin. Ich hab den Himmel gesehen, sagte das Mädchen, der ist viel schöner als alles hier. Ihr Lieben, so laßt mich doch in den Himmel fliegen.

Da wußten die Eltern und meine Großmutter, daß Margrit sich aufgegeben hatte und daß es keine Rettung mehr gab. Sie trugen ihr Bett ins Wohnzimmer neben den Kachelofen, setzten sich zu ihr und lasen ihr Geschichten von glücklichen Menschen und friedlichen Orten vor. Vor Mitternacht noch kam der Pfarrer, Margrit lächelte ihn an, und als der Vater um fünf Uhr in der Früh aus der Küche zurückkam, wo er Holz nachgelegt hatte, da war seine jüngste Tochter tot.«

»Dies«, sage ich zu Michael, der erstarrt vor seinem Milchkaffee sitzt, »war beinah das ganze Jahr 1937 im Leben meiner Großmutter. 1938 ehelichte sie den anständigen Fußballer und Arbeiter K., gebar ihm drei Kinder, lebte mit ihm in großer Bescheidenheit, und kaum waren die Kinder ausgeflogen, starb der anständige Mensch. Was folgte, waren die Trauer, das erste Enkelkind und der letzte Liebhaber als Wasserleiche. Doch das erzähl ich dir beim nächsten Mal.«

Michael greift über den Tisch nach meiner Hand, die beiden silbernen Tabletts mit unseren Kaffeetassen scheppern leise, und fast gleitet unser Heft zu Boden. Es ist ein blaues Schulheft mit einem weißen Etikett und innen drin karierten Seiten, und auf dem Etikett steht »Strategien des Noch-viel-berühmter-Werdens«. Das Heft sieht alt aus, mit vielen grau gegriffenen Eselsohren, und auch seine Seiten sind schon fast alle gefüllt. Es gehört zu einer Heftsammlung, die seit zwei Jahren zwischen Michael und mir hin und her geht, wir führen darin unser gemeinsames Pflichtenheft, und wenn wir ungefähr in fünf Jahren immer noch recht jung gestorben sein werden, so

wird die Sammlung veröffentlicht, und ehrgeizige Mütter werden sie ihren begabten Kindern zu einem frühen Geburtstag schenken.
Es war allerdings nicht unsere Idee, sondern die von Marie Bashkirtseff, der Frühverstorbenen mit dem größten Grabmal von Paris, die schon mit dreizehn ein Tagebuch zu schreiben anfing, das sie einst veröffentlichen wollte. Überaus wahr stand da: »Was auch aus mir werden mag, ich vermache mein Tagebuch der Öffentlichkeit.« Und: »Es gibt vielleicht wenige Geschöpfe, die künstlerisch in jeder Hinsicht veranlagt sind wie ich. Der intelligentere Teil meiner Leser hat das übrigens bereits bemerkt, und was die anderen von mir denken, ist mir gleichgültig.«
Und weil Michael und ich Marie zu unserer Schutzheiligen auserkoren haben und Michael gerade wieder ein Stipendium gewonnen hat, fahren wir vom Einstein direkt zum Flughafen Tegel, kaufen uns Tickets für die nächste Maschine nach Paris, die geht in zwei Stunden, setzen uns in ein Flughafencafé und trinken aufgeregt einen Espresso um den nächsten. Ein abgerissener Berliner Mensch geht zwischen den Tischen hindurch, fotografiert alle Leute, kommt nach einer Viertelstunde bereits wieder und hat die entwickelten Bildchen in einen Schlüsselanhänger aus Plastik gesteckt. Michael und ich schreien auf: Auf seinem Bild hat Michael ein verkniffenes Gesicht mit einer knochigen Nase, roten Augen und Kinn-

pusteln, mir hängen mehrere Kinnwülste in den Halsansatz, die Nase ist ebenfalls ausschweifend, Mund und Augen klein und blaß. »Großer Gott, schenk mir zu Weihnachten eine eigene Stylistin!« seufzt Michael, und ich sage: »Schlimmer als ich kann Baudelaires häßliche Geliebte gar nicht ausgesehen haben.«

Und so sitzen wir niedergeschlagen im Flugzeug, ich denke daran, daß die Contenance meinen Leib in wenigen Jahren ganz verlassen wird und ich aufgehen werde wie ein weißer Hefeteig, so sehr, daß ich nur noch in Philosophierstunden mit alten, gelehrten Menschen am Fernsehen auftreten darf und niemals wie Michael oder meine Großmutter Modefotos für Illustrierte machen kann. Und wie ich so an den ungebackenen Hefeteig denke, hebt das Flugzeug ab, die Sonne sticht mir ins Auge, und mir wird schlecht. Michael legt sein feuchtgetränktes Taschentuch beiseite und versucht, mich mit unserem Lieblingsspiel zu trösten.

Wir eröffnen das Spiel mit wenigen Worten von Marie, die sie am 31. Dezember 1883 in Paris, auf der Mitternachtsschwelle zu ihrem fünfundzwanzigsten und letzten Lebensjahr sprach: »Es gibt ein einziges Wort: ein Wort, das, ob geschrieben oder gesprochen, schön, klangvoll, berauschend ist: Ruhm!« Dann stellen wir uns vor, daß wir endlich berühmt wären und immer noch die beste Freundschaft hät-

ten, die zwischen zwei Kindern unterschiedlichen Geschlechts möglich ist. Wir würden uns jeden Morgen Faxe schicken, mit den besten Wünschen zu einem fruchtbaren Arbeitsbeginn, und jeden Abend weitere, auf denen genau aufgezeichnet wäre, wie viel wir an dem betreffendem Tag gearbeitet hätten. Einmal die Woche würden wir unsere Öffentlichkeitstermine miteinander vergleichen, und wer mit Auftritten im Vorsprung wäre, würde vom andern am Ende des Monats zum Essen eingeladen. Zweimal im Jahr würden wir uns in die Berge zurückziehen oder auf das Schloß des Schauspielers, mit dem Michael zum Glück immer noch gut befreundet ist, und würden zusammen ein Hörspiel oder ein Dramolett oder eine Novelle schreiben. Wir wären ein Zwillingskristall, führten ein Leben, von dem sich jeder Moment so reinlich anfühlen würde wie der erste Gang nach der Morgentoilette durch die noch kühlen Straßen, und bedürftig wäre einzig unser Geist. Die Sache mit der Lust wäre an einem Ort begraben, an dem auch die Erinnerungen an klebriges Bettzeug mit den zerfetzten Flügeln und zerbrochenen Rüsseln toter Motten ruhten, an nervöse, einsame Spaziergänge am Rand des Worpsweder Moors mit einem Zorn im aufgestachelten Herzen, weil das Geäst der Weiden und Birken zu zart ist, um einen Männerleib an einer Seilschlinge schweben zu lassen.
So reden wir leise miteinander im Flugzeug, werden

beide wieder ruhig, vergessen die schrecklichen Fotos und träumen uns gemeinsam weit weg in jenen Glaspalast über den Wolken, den Tristan in höchster Not seiner Isolde versprach. Bald steht unser Flugzeug über Paris, steht über dem Straßenstern, dessen Arme mit glitzernden Autoschnüren geschmückt sind, und als wir die Maschine verlassen, sind wir zwei friedfertige Kinder. Im Taxi fahren wir zum Trocadéro, gehen eine Straße hoch, zu jenem Friedhof, der wie eine Terrasse über dem Stadtteil Passy liegt, gehen vorbei am Pförtner auf ein fahles Mausoleenfeld mit wenigen verglimmenden Bäumen.

Und dort, auf halber Höhe des ersten Weges, liegt Maries Grab. Wie die Ruhestätte einer orientalischen Prinzessin steht das Denkmal da, weitaus fernöstlicher noch als irgendein russisches Zwiebelgetürm. Malerpaletten sind in einer Reihe in den bleichen Stein gehauen und sehen aus wie übereinandergeschichtete Totenschädel. Röschen und Schmetterlinge gibt es auch und ein mit dem Eiffelturm wetteiferndes Eisenkreuz auf der runden Kuppel. Die Namen von Maries wenigen Kunstwerken stehen ebenfalls in Stein gehauen, geordnet nach Gemälden, Portraits und Skulpturen, die es alle noch gibt, über den Kontinent verstreut wie die Asche einer Toten.

Sogar Dichterworte stehen da. »O Marie, o weiße

Lilie, o strahlende Schönheit in Deinem ganzen Wesen. Es gibt kein Dunkel in Deiner schwarzen Nacht, Dein Geist ist lebendig, die Erinnrung an Dich wach, unendlich der unsterbliche Duft der Blume«, hat einer geschrieben, und bei einem andern lese ich endlich das Wort, das ich dereinst am liebsten auf meinem eigenen Grabstein stehen hätte: »Ihr Name ist unsterblich und leuchtet wie eine Flamme. Durch die Jahrhunderte hör ich die gesegnete Erinnerung klingen, denn so viel hat ihr frühes Genie geschaffen, daß nun alle Musen in Trauer gehüllt über ihrem Grab weinen.«

»Michael, Michael, sieh«, flüstere ich, »da nannte sie einer Genie!«

Doch Michael steht schon vor den Gitterstäben mit Maries Monogramm, dem eng in schnörklige Keimlinge eingepackten M von Marie, das mitten durch ein behäbiges Bashkirtseff-B schlüpft, so wie unsere kleine Marie einst aus der Behäbigkeit ihrer landadeligen Vorfahren geschlüpft war, um ihre blühende Jugend in Kunstwerken aufgehen zu lassen. Hinter ihrem Monogramm sehen wir sie selbst, ganz rosig, doch nicht in jungen Alabaster gehauen, sondern nur aus bemaltem Gips, mit kleinen Farbschäden am Décolleté und behütet von Mutter und Vater, die ihr als wertvolle Marmorköpfe zur Seite gestellt sind. Maries Totenzimmer ist ein gemütliches Zimmer, herbstwarm leuchtet der fadenscheinige Brokat von

Teppich und Andachtssessel, Maries vor hundert Jahren noch sehr düsteres Bild mit den beiden schwarzen, vor einem Felsengrab trauernden Frauen ist ausgebleicht und hängt als zartes Nebelgewölk an der Wand. Vor dem Haupt des Vaters steht ein hoher Strauß mit weißen Lilien, drei weitere Vasen sind mit gelben Rupekien gefüllt, deren braune Augen zusammen mit der rosigen Marie durch das Gitter strahlen.

Ich will und will vor diesem Grab nicht traurig werden, doch Michael ist bleich vor Aufregung und sagt: »Siehst du die Treppe? Darunter ist die Krypta, und dort müssen Maries Gebeine liegen. Ich will ein Knöchelchen von Marie, bitte! So hilf mir doch, sonst muß ich wahrscheinlich auf der Stelle sterben!«

»Aber wäre das denn schlimm?« frage ich erstaunt, »erinnerst du dich denn gar nicht mehr an unsere erste Strategie des Noch-viel-berühmter-Werdens?«

»Doch«, keucht Michael, und der Atem pfeift aus seinem Mund, als preßte man einer Wasserleiche das Gas aus der geblähten Brust, »jung sterben.«

»Also«, sage ich, »und die zweite Strategie heißt: Besser: sehr jung sterben.«

»Sag einmal ehrlich«, sagt Michael und wird allmählich ruhiger, »jetzt, da du nicht mehr richtig jung und immer noch nicht tot bist: Womit möchtest du eigentlich berühmt werden?«

Ich antworte verwundert: »Ach, irgendwie als Universal-Begabtheit oder als Schönheit.«
«Aha«, sagt Michael, »ich dachte eher, du wirst als meine Muse berühmt. Ich mein ja nur, in deinem Beruf bringt es ein Seelchen wie du nicht zu Weltruhm, und um als Künstlerin berühmt zu werden, bist du doch auch schon zu alt.«
Von der Schönheit sagt er kein Wort, und als ich mir dazu noch ausrechne, was Marie als oberste Altersbegrenzung des Berühmtwerdens für Frauen festgesetzt hatte, nämlich am besten fünfzehn Jahre, möchte ich mich sofort umbringen. So böse ist Michael mit mir am Grab von Marie, und als müßte er mich dem Erzengel gleich für immer aus meinem trägen Traumparadies verjagen, zitiert er mir eine Stelle aus Maries Tagebüchern, die sie als verzweifelte Siebzehnjährige notiert hatte: »Ich suchte unter den Berühmtheiten diejenigen, welche spät begonnen haben, um mich durch ihr Beispiel zu trösten. Ja, aber ein Mann mit siebzehn Jahren, das ist nichts, während beim Weibe siebzehn Jahre dreiundzwanzig Jahren beim Mann gleichbedeutend sind.«
»Ach, schweig doch«, sage ich und bin wütend, »mit mir ist alles gut, es reicht doch, daß ich ab und zu auf den Gesellschaftsseiten der Magazine stehe, Marie stand doch auch dort.«
»Aber Marie hat Werke geschaffen«, brüllt Michael,

und schaurig zerfetzt schlägt seine Stimme aus dem Mausoleum zurück.
»Und du hast auch Werke geschaffen, ich weiß. Aber ich will lieber einen Prinzen heiraten. Oder Clemens.«
»Jetzt reiß dich endlich zusammen, und vergiß ihn!«
Ich erinnere mich, wie mir Clemens nach unserem gefährlichen Bad im See befohlen hatte: »Vergiß mich!« und daß ich ihn tatsächlich ab und zu für ganze Tage zu vergessen vermochte oder daß ich schon an einem Morgen aufgewacht war und erst beim Frühstück merkte: Oh, ich habe heute noch gar nicht an Clemens gedacht! und wie ich mich über diese ruhigen, gesunden Momente freute.
»Gut«, sage ich, »aber wirklich wohl ist mir erst, wenn er tot ist.«
Michael verspricht mir gelangweilt, Clemens umzubringen, dann gehen wir zum Pförtner, bitten ihn höflich darum, uns in die Krypta von Maries Grab einzulassen, doch er sagt, daß nur ihre Familie einen Schlüssel habe. So gehen wir wieder zum Grab, ich lege meine Hand um die Falle, rüttle an der Tür, hebe sie ein winziges Stück hoch, und lautlos fällt sie nach innen.
Michael und ich betreten Maries kleinen Palast, es riecht nach Nestern toter Käfer, wir steigen vorsichtig die schmale Steintreppe hinab. Unten ist beinahe Nacht. Drei Ewige Lichter leuchten schwach in das

schwarze, niedrige Kreuzgewölbe. Sie leuchten so rot wie die Grableuchte, die Clemens einst neben unser Liebesbett stellte, und grad so, wie seine schwarzen Vorhänge das kleine Licht wegfraßen, sind es auch jetzt schwarze Tücher, von denen die drei Flämmchen verschluckt werden. Ich erkenne mit einem Schauer die Trauertücher aus Schloß Chenonceaux, mit denen Louise von Lothringen nach dem Tod ihres Gatten das ganze Schloß verhängen ließ. Sie sind aus einer Seide, die in einem Sud aus gekochten Haaren von morgenländischen Frauen gefärbt wurde, und tragen aufgemalte silberne Tränen. Es war eine befreundete persische Prinzessin, die als Totengeschenk für den ermordeten Heinrich ihren Silberschmuck zu feinem Staub zermahlen ließ. Dann zerstampfte man in einem Mörser getrockneten Fisch, mischte Wasser und Silberstaub dazu, und die Hofdamen der Prinzessin malten die Tränen mit feinen Pinseln auf die Seidentücher. Sogar die Brükkenpfeiler, auf denen Katharina von Medici die zweistöckige Galerie von Chenonceaux über den Fluß Cher bauen ließ, waren einige stumme Sommertage lang mit diesen Tüchern verhüllt. Und jetzt schläft Marie in dem kostbaren Bettzeug.

Michael und ich sind glücklich. Ich berühre eines der drapierten Tücher, es ist sehr dünn, und das Tränensilber läßt sich fast wie der Staub von einem Schmetterlingsflügel abwischen. Ich reiße einen

Streifen vom Saum eines Stücks, das über einen niedrigen Altar auf den Boden fließt, falte ihn zusammen und schiebe ihn unter mein Hemd, damit er sich im Tageslicht nicht verflüchtige. Leider will Michael noch immer einen Knochen von Marie. Mit einem begehrlich verzerrten Gesicht reißt er das Tuch vom Altar. Der kleine weiße Kopf des auf die Seite gebetteten Skeletts starrt mitten in unseren Schrecken. Maries Hohnlachen ist furchtbar.

Zur Strafe bin ich auf dem Land und beschäftige mich mit Blut und schreienden Rehen

Wir fliegen natürlich ohne Knöchelchen nach Hause und schämen uns sehr, daß wir uns an den Tüchern von Chenonceaux vergriffen und das Andenken an Maries pfingstrosenhafte, üppige junge Schönheit durch den Eindruck ihres mageren Skeletts gefährdet haben. Zur Strafe fährt Michael nach Worpswede und hilft seinem Vater, eine ganze Schafherde aus Stein zu hauen, und ich fahre in mein Dorf und helfe meiner Mutter bei den Herbstarbeiten.

Am Morgen, noch bevor die allerletzten Spätsommerwespen von der Sonne geweckt sind, fahren wir zu unserem Obstgarten und pflücken Pflaumen. Der Obstgarten liegt an einem warmen Südhang neben einem Wald, doch am Morgen versammeln sich die Tautropfen an den Blattspitzen, kriechen mir wie junge Blindschleichen über die Hände und in die Ärmel hinein bis zu den Ellenbogen. Wir kehren mit zwei großen, grünen Plastikkisten voller Pflaumen nach Hause zurück, drücken auf die Früchte, bis sie aufspringen, entfernen den Kern und die kleinen weißen Würmer, von denen

Vater immer sagt, daß sie sich spätestens in der Magensäure auflösen würden, spülen den braunkörnigen Wurmkot unter einem dicken Wasserstrahl weg und füllen einen Kochtopf für Konfitüre und den Saftkessel für Sirup. Dann rühre ich mit einem Löffel geduldig im Topf, während meine Mutter dicht neben mir sitzt und mit einem Gummischlauch den roten Saft in Flaschen füllt, und ich stelle mir vor, daß es nicht Pflaumen sind, die da vor sich hin köcheln, sondern Clemens, und daß ich in einem Topf mit Innereien rühre und Mutter Blutsirup macht.

»Verrat mir doch«, verlange ich von ihr, »weshalb Clemens immer noch mit mir schläft, obwohl er mich nicht mehr liebt.«

»Oh«, sagt Mutter, die sich dies nie antun lassen würde, »ist das so? Vielleicht haben eure Körper ja eine ewige Amour fou. Aber eigentlich dachte ich, wir hätten diesen Mann schon letzte Weihnachten zu Ende diskutiert. Weshalb laßt ihr euch nicht endlich in Ruhe?«

»Vielleicht, weil wir uns wirklich lieben?«

»Also ehrlich«, lacht meine Mutter mitten in den Pflaumendampf hinein, »wenn ich ein Mann wäre, würde ich ja nicht so eine Kitschkiste wie dich durchs Leben schleppen wollen.«

»Aber weshalb tut er's dann?«

»Vielleicht weil du so naiv bist? Kann es etwa sein, daß du in seinem Fall immer wieder den Beischlaf mit der großen und einzigen Liebe verwechselst? Überleg dir einmal, wie das auf den Mann wirkt: als würde er immer wieder mit einer Jungfrau schlafen.«

»So«, sage ich nur, »kann sein«, und denke mir, wie das ist mit mir und der Naivität und daß sie wirklich grenzenlos ist.

Am Nachmittag sitze ich auf der Terrasse, stopfe Socken von meinem Vater und blicke auf den bewaldeten Hügel, der fast zuoberst in einer Höhle unter einem überhängenden Felsstück einen Geist birgt. Der Geist gehört zu einem bösen Menschen aus dem Nachbardorf, einem Bauernschinder und Mädchenschänder. Als er endlich tot war, wollten ihn die Nachbardörfler nicht mit eigener Hand und nicht auf eigenem Grund begraben. Lieber bezahlten sie einem auswärtigen Grundbesitzer viel Geld, daß dieser den Bösen in fremder Erde verscharre. Und so kam mein eigenes armes Dorf dank einer schlechten Leiche zu viel Geld und einem bösen Geist.

Doch das Dorfgespenst macht mir jetzt fürwahr keine Angst, was mich aber beunruhigt, sind die vielen feinen blauen Äderchen, die sich schon seit meiner Jugend auf meinen Beinen vermehren. Sie haben die Farben von Fischernetzen, wie ich sie als Kind einmal in einer Fischerhütte nebeneinanderhängen sah, blau, grün, violett. Wenn ich mit dem Finger darauf drücke, verschwinden sie für einen

Augenblick, und dann kann ich meine Beine und mich etwas besser leiden. Doch sobald sie wieder wie kleine blutige Risse durch meine Haut scheinen, frage ich mich, ob mich Clemens etwa nicht mehr liebt, weil sie mich derart entstellen.
Im Nähkorb liegt eine runde, hellblaue Blechdose mit Stahlstecknadeln, die gleiche wie bei meiner Großmutter. Auf der Dose steht in roten, weißen und schwarzen Buchstaben und in zwei Sprachen »Iris. 500 Stahlstecknadeln. Für feine Stoffe und Seide«. Ich nehme eine Nadel, steche damit in beide Enden eines Blutreisigs und drücke fest auf diesen, weil ich ihn entleeren und veröden will. Das Blut quillt rot, und ich merke, daß kein Schmerz mehr da ist, wenn die Nadel erst einmal unter die erste Hautschicht gedrungen ist. Daß ich sie mir fast bis zum Köpfchen ins Bein stechen kann, ohne den Stich zu spüren. Und so arbeite ich mich still von einem Äderchen zum nächsten, doch nach zwanzig Stichen ist mein Bein so voller Blut, daß ich nichts mehr sehen kann. Ich renne ins Haus, ins Bad, bete, daß meine Mutter meinen Weg nicht kreuzt, halte das Bein unter den kalten Wasserstrahl und wickle es in einen Baumwollverband. Als ich ihn am nächsten Morgen ablöse, ist er braun durchtränkt wie die Bandagen eines Kriegsversehrten, das Bein darunter ist voll mit blauvioletten Flecken und winzigen Blutergüssen entlang der Stichbahnen. Und

natürlich schimmern die Äderchen noch immer untot und gefräßig durch die verletzte Haut.
»Deine Weiberzeitung hat angerufen«, sagt Mutter, als ich kurz nach acht aus dem Bad trete, den drekkigen Verband in einem Ärmel versteckt, »sie wollen etwas über die Liebe auf dem Land. Viertausend Anschläge bis heute mittag.«
Dann geht sie weg, zur Schule, wo sie im Schulzimmer neben dem Schulzimmer meines Vaters die halbe Woche über unterrichtet, und ich bin wie immer dankbar, daß mit meinen Eltern und der Liebe alles so gut ist, daß sie es als einzige Menschen in meiner Welt schon so viele Jahre nebeneinander im Bett und im Schulhaus aushalten. Und ich weiß noch immer gut, wie ich eine Nacht lang wach und weinend bei meiner Großmutter lag, weil meine Eltern jene Nacht getrennt auf Klassentreffen in ihren Heimatdörfern verbrachten und ich doch erst am Tag zuvor gelernt hatte, was eine Scheidung ist.
Aber jetzt setze ich mich zufrieden mit frischem Kaffee und in eine Wolldecke gehüllt auf die Bank vor dem Haus, denke lange nach, über mich und die Liebe auf dem Land, doch da war nie eine besonders große. Nach einer Stunde setze ich mich an meinen Computer und schreibe, und als ich den Text von vorne bis hinten durchlese, merke ich, daß er anfängt, als wäre er einer von Michael, und aufhört wie einer von Clemens.

Die beste und böseste Liebe von allen

Wie soll das Leben sein? fragt sich der Mensch. Es soll so stürmisch sein wie das Meer, so sanft wie das Blau der Ferne und so schön wie ein Strand. Und es soll Glück und Liebe drinhaben. So denken die Bäuerin in ihrer Stube und der Dichter über seinem weißen Papier, und beide wissen, daß sie das Meer nicht brauchen und den Strand nicht, denn das Himmelsblau genügt, das ist kühn und sauber, und die weißen Bettlaken auf der Wäscheleine im Garten der Bäuerin knattern wie große Segel im Wind und sind schon stürmisch genug. Im Garten künden Lavendel, Rosmarin und Thymian von südlicher Würze, und Gras ist zarter als Sand.

Die Liebe auf dem Land ist die beste Liebe von allen. Wenn sie zwei Herzen zu einem Königspaar zusammenfügt, so läßt sie eine ganze Welt in ihrem Namen aufgehen.

Als meine Großmutter starb, hatte sie die weißen Finger in ihr Hochzeitskrönchen geflochten, als wär sie noch einmal eine junge, aufgeregte Braut. Sie starb in einem Bett aus Kirschbaumholz, das hatte mein Großvater einst aus jenem Baum gezimmert, in dessen Rinde er und meine Großmutter die ersten Liebesschwüre geschnitzt hatten. Es war das Bett, in dem sie zum ersten Mal nach einer Liebesnacht erwacht waren, in vor Glück fast knochenlosen Leibern. Und als ich sacht die kleine Hinterlassenschaft meiner Großmutter zu ordnen anfing, da

glitt wie von selbst ein blaues Seidenbändchen von ein paar Briefen, und drin fand sich die amouröse Korrespondenz von zwei Jungverliebten.
Um die Zeit der Verlobung schrieb mein künftiger Großvater: »Ich kümmere mich auf dieser Erde um keinen andern Menschen als um Dich allein, Du einzig hast Gewalt über mich, und nur Dir werde ich gehorchen, ich würde Dir folgen, wohin Du nur wolltest, denn ich habe Kenntnisse genug, um überall für Dich und mich Brot zu finden.«
Als die Hochzeit endlich nahte, da hatte ihn die Scheu verlassen: »Ich kann jetzt schon kaum fassen, wie wir beide Hand in Hand über die blühenden Fluren wandeln, wo jede Blume uns mit einem herzigen Liedchen willkommen heißt. Dann wollen auch wir singen, von Lenz und Liebe und sel'ger, gold'ner Zeit. Ich muß Dir wieder einmal etwas verraten. Im Mondenschein bist Du am schönsten. Dann hat Dein Gesicht den sanften Schein des himmlischen Silbers. Dein Mund die rote Glut der Rose und Dein Haar den schwarzen Glanz des nächtlichen Liebesrauschens im Walde.«
Meinen eigenen Eltern lag die Scheu genauso fern und die Poesie genauso nah wie ihren Eltern. Da gab es zum Beispiel die glückliche Zeit der schreienden Rehe. Eine Kindheit lang hatte mir meine Mutter erzählt, daß die tiefen, trockenen Schreie, die alle paar Nächte durchs Dunkel drangen, von den Rehen kämen, die in unserem Rosenbeet ästen. Es waren laute Schreie, und obwohl ich

vor Rehen sonst keine Angst hatte, rannte ich dann mit zusammengekrampfter Brust ins Schlafzimmer meiner Eltern und wunderte mich, sie beide zusammen wach, verärgert und recht nackt in ihren Betten zu finden.
Doch selbst auf dem Land verwandelt sich die Liebe in Irrsinn, Qual und Betrug. Es war ein Sonntag, so düster wie der Schatten des apokalyptischen Reiters, als der Posthalter vor den Augen seiner eigenen Kinder mit blaugeschwollenem Kopf am Strick hin und her baumelte. Engelhell hatte seine Gattin eben noch in den Morgengottesdienst in der Kirche begleitet, hatte vom Hirsch gesungen, dem nach der frischen Quelle dürstet, und die Stimme hatte gestrahlt und gejubelt. Denn vor der Kirche wartete der Großbauer aus dem Nachbardorf. Mit dem zog sie über den grünen Hügel davon und ließ Mann und Kinder für immer stehen. Verbieten müßte man sie, die Liebe.

Weil ich bei aller übergroßen und entsetzlichen Liebe zu Clemens keine Kraft mehr habe, in seiner Sprache zu denken, wendet sich mein letzter Lebenswille der Sehnsucht nach Meer und Sandstrand zu, wie Michael sie immer beschwört. Und einem Vorschlag, den mir Michael auf dem Heimflug von Paris machte. »Kleine, vom Himmel gefallene Lou«, sagte er da, »laß uns zusammen nach Worpswede fahren. Laß uns dort Werke schreiben.« Und das war, als machte er mir einen Heiratsantrag.

Worpsweder Grabwunschrede und wie Michael mich zu künstlerischer Eitelkeit zwingen will

Michael holt mich in Bremen vom Bahnhof ab. Ich sehe ihn dort stehen, nur wenig größer und älter als ich, das fast schulterlange, braune Haar aus der Stirn gestrichen, mit einer Strähne, die ihm immer wieder mitten ins Gesicht fällt und seine nervösen Hände beschäftigt. Alles an Michael ist schmal und zerbrechlich, und sein Gesicht ist wie von einem schweren Gedanken in die Länge gezogen. Ich liebe ihn für dieses Gesicht und möchte ihn zum Bruder und zum Kind, und doch steigt eine bedenkliche Schüchternheit in mir auf, wie ich aus dem Zug klettere, in seine Umarmung gepackt werde und zu seinen Augen aufschauen muß.

Als wir in Worpswede ankommen, ist aus dem norddeutschen Nachmittag schon ein früher Abend geworden. Michael bleibt vor einer vornehmen kleinen Parkanlage mit immergrünen Buchsrondellen stehen, und dahinter sehe ich den schneeweißen Barkenhoff aufsteigen. Vor der Tür wartet Michaels Mutter, ich gehe ihr über die wenigen Stufen zwi-

schen den breiten Geländerbändern und den beiden steinernen Urnen hindurch entgegen, und mir wird unheimlich vor lauter Glück.
Michaels Mutter führt mich in ein Zimmer im ersten Stockwerk, das ihr eigenes Mädchenzimmer war und viele Jahre früher Rilkes erster Raum in Worpswede. Im Abendlicht dunkelt das Zimmer blau und kühl wie eine Grotte vor sich hin. Und ich denke daran, wie der junge Rilke hier sein angestrengtes Herz vom Liebesschmerz um Lou Andreas-Salomé ausruhte, als sie ihn nach einer langen, leidenschaftlichen Zeit aus ihrem Bett gewiesen hatte und endlich wieder arbeiten wollte. Eines Nachts sah Rilke die beiden weißgekleideten jungen Frauen Paula Becker und Clara Westhoff in diesem blauen Zimmer stehen, sie lehnten wie Zwillingsbräute aus dem Fenster, betrachteten den Mond, der junge Dichter verliebte sich in beide zugleich, und sein Herz war beinahe geheilt.
Ich wasche mein Gesicht über einem Porzellanbekken, das auf einem einfachen Eisengestell steht, betrachte mich unzufrieden im Spiegel, weil ich heute so volle rote Wangen habe. Und dabei wäre ich viel lieber kränklich blaß wie die Worpsweder Frauen, die auf dem einzigen Bild, das ich vom Barkenhoff kenne, auf der Terrasse einem Konzert lauschen. Auf dem Bild ist die ganze Balustrade mit Kletterrosen überwachsen, auf der Treppe stehen grünbemalte Fässer

mit zu Halbkugeln gestutzten Loorbeerbäumen, und alle Menschen und der Windhund haben die gleichen langen und traurigen Michaelgesichter.
Michael ruft mich zum Essen, ich gehe in den Speisesaal hinunter, und da steht genauso ein alter Holztisch, wie ich ihn im Traum von den beiden Worpsweder Kuhställen gesehen hatte, aus hundert Jahre lang gedunkeltem Eichenholz, mit festen, schnörkellosen Beinen und einer Platte, die nach Honigwachs duftet. Darauf liegt eine rot und schwarz bestickte russische Tischdecke, und als ich sie genauer betrachte, sehe ich, daß sie vielfach geflickt ist, daß manchen der schwarzen Rhomben die rote Füllung fehlt und daß die rote Zierleiste am Saum von leeren Stellen durchbrochen ist.
»Stellen Sie sich vor«, sagt da Michaels Mutter, die plötzlich neben mir steht, »diese Tischdecke hat Rilke von seiner ersten Rußlandreise mit Lou Andreas-Salomé mitgebracht. Ich dachte mir, daß es für Sie ein angemessener Empfang sein müßte.«
Dann trägt sie das Abendbrot herein: Auf einem Glasteller glänzt schwerer Honig, auf der kalten, elfenbeinreinen Butter glitzern winzige Wassertröpfchen, sie legt Schrotbrot und einen Hefezopf dazu, auch blassen westfälischen Schinken und noch warme, mit Zimt gewürzte Rosinenküchlein. In mir machen sich eine Ruhe und ein Glück breit, als säße ich mitten im goldstrahligen Fruchtfleisch einer der Zitro-

nenscheiben, die langsam auf den Grund unserer Teegläser sinken. Dann setzt sich Michaels Mutter zu mir, erzählt von ihrem Atelier in einem Nebengebäude des Barkenhoffs und von ihren Bildern, und Michael stellt sich an den Herd und kocht Hafergrütze.

»Sie sind doch die Frau mit der Vorliebe für Gräber«, sagt Michaels Mutter nach einem kurzen, neugierigen Atemholen.

»Ja«, sage ich, »Gräber und Schlösser.«

»Haben Sie schon einmal an Ihr eigenes Grab gedacht?«

»Nein«, sage ich, »erst an die Beerdigung.«

»Dann werden Sie bei uns sicher noch daran denken lernen. Man kann hier nicht die Moore sehen und den fliehenden Himmel, ohne an sein eigenes Grab zu denken.«

»Ich habe manchmal an mein Grab gedacht«, fängt da Michael zu sprechen an und stellt seinen Hafertopf vor uns auf den Tisch. Es ist der erste Satz der Worpsweder Grabwunschrede von Paula Becker, der berühmteren von Rilkes Zwillingsbräuten, die Malerin war und bereits mit einem Modersohn verlobt, als Rilke ihr in seinem blauen Zimmer begegnete.

»Ich habe manchmal an mein Grab gedacht«, fängt Michael noch einmal an, »es muß gar keinen Hügel haben. Es sei ein viereckig längliches Bett, mit weißen Nelken umpflanzt. Darum läuft ein kleiner, sanfter Kiesweg, der wieder mit Nelken eingefaßt ist, und dann kommt ein Holzgestell, still und anspruchslos, um die Wucht der Rosen zu tragen, die mein Grab umgeben. Und vorne im Gitter, da sei ein kleines Tor gelassen, durch das die Menschen zu mir kommen, und hinten sei eine kleine, anspruchslose, stille Bank, auf der sich die Menschen zu mir hinsetzen. Auf dem Grabe stehen vielleicht zu meinen Häupten zwei kleine Wacholder, in der Mitte eine kleine schwarze Holztafel mit meinem Namen ohne Datum und Worte. So soll es sein. Daß da eine Schale stünde, in der man mir frische Blumen setzte, das wollte ich auch wohl.«

Ich denke, wie sehr sich doch die junge Malerin Paula von der jungen Malerin Marie unterscheidet. Beide sprachen früh vom Sterben, doch nie hätte sich Marie mit einer bloßen Namenstafel auf dem Grab zufriedengegeben. Und ich fange an, mit Marie, deren verzweifelte Ruhmsucht mir weitaus besser gefällt, gegen die anspruchslose, stille Paula zu streiten: »Sterben, ohne etwas zu hinterlassen? Sterben wie ein Hund! Wie hunderttausend Frauen gestorben sind, deren Namen gerade noch auf einem Grab stehen.«

»Ja, meine Liebe«, sagt Michael, »und genau deshalb habe ich dich nach Worpswede gebeten und stelle mich hier an den Herd und koche Hafergrütze. Damit du an einem Werk zu arbeiten beginnst. Weshalb nimmst du dir Maries Eitelkeit nicht endlich zum Vorbild?«

»Jetzt quäl das arme Mädchen nicht so«, fällt ihm seine Mutter ins Wort, »wir wissen beide, daß sie in den letzten Jahren sehr viel gearbeitet hat.«

»Natürlich, aber was ist schon ein bißchen Journalismus gegen ein Werk, auf dem Lous Name steht, das sie in die Hände nehmen und verkaufen kann? Auch unser aller Rilke konnte den Journalismus nicht ernst nehmen.«

»Aber er hat damit Frau und Kind ernährt«, seufzt die Mutter, »jetzt sei doch realistisch und gerecht.«

In mir steigen ein Würgen und eine Beschämtheit hoch, und Michael zitiert jenen bösen Satz, den Rilke einst über seine Brotarbeit tat: »Wenn ich im Bremer Tageblatt schreibe, dann schreibe ich immer so in meinen Bart hinein und halte dabei noch die linke Hand vor den Mund, dann wird es journalistischer.«

Endlich gibt er Ruhe, wir sitzen alle recht stumm und trotzig beieinander und löffeln die Grütze in uns hinein. Dann wasche ich die klebrigen Teller, Michael kocht heiße Schokolade, stellt zwei große Tassen, ein Silberkännchen mit Schokolade und eines mit heißer Milch auf ein Tablett und trägt es in mein Zimmer hoch. Ich krieche erschöpft zwischen die derben Barchenttücher, Michael setzt sich neben mich, hält mich wie eine Kranke in seinem Arm, ich schlürfe die Schokolade, und zusammen wünschen wir uns, daß Marie ihre letzten qualvollen Lebenstage in einem ebenso warmen Bett und ebenso behutsamen Umarmungen verbracht hätte. Statt dessen hatten die Bashkirtseffs ihr Bett in den Salon gestellt, und Marie lag darin wie ein todkrankes Wundertier, dem im Zirkus zu sterben befohlen wird, aufgezäumt mit unnützen weißen Spitzen und Rüschen, ihre Schulter versehrt von den Brandnarben der Zugpflaster, ihre Lunge zerfressen, ihr Tischchen von lächerlichen Heilmitteln überladen, von Arsen, Lebertran und Ziegenmilch, mit denen ihre Ärzte die Schwindsüchtige retten wollten.

»Kann man denn heute noch an Schwindsucht sterben?« frage ich, »das wäre nämlich eine Todesart, die mir ungeheuer zusagen würde.«

Michael streicht mir übers Haar und sagt: »Mein verzagtes Lou-Mädchen, jetzt faß doch endlich ein Stück Lebensmut.«

»Aber Maries Tod war so schön«, sage ich, »denk an die Tränen«, und da wird auch Michael von einer Rührung überfallen, und sein Arm findet kaum noch die Kraft, mich zu stützen.

»Es war am 31. Oktober 1884 um vier Uhr in der Früh«, fahre ich leise fort, »da hob Maries kleiner Hund jämmerlich zu heulen an. Marie richtete sich ein wenig auf, ein Seufzer, als schreckte ein kleines

Kind aus dem Schlaf, entwich ihrem ausgedörrten Mund. Dann rannen ihr zwei große Tränen über die Wangen, ihr Kopf fiel auf das Kissen zurück, und die arme Marie war tot.«

Meine Großmutter besiegt tatsächlich Michaels unheimliche Großtanten

Wir besuchen die drei alten Schwestern Rosa, Rosine und Rosemarie. Sie wohnen außerhalb des Dorfes, am Fuß des Weyerbergs, und ihr Haus, das einmal mit Blick auf die weite braungrüne Ebene gebaut wurde, ist über die Jahre beinah im lichten Gehölz der Birken und Lärchen verschwunden. Weil viele Leute die drei in den Wald gewachsenen Schwestern vergessen haben, sind Rosa, Rosine und Rosemarie die einzigen Menschen von Worpswede, deren Haus tagsüber kein Museum ist. Damit dies so bleiben möge, haben sie ihr feuerrotes Backsteinhaus mit dem tiefgezogenen Strohdach gegen die Ebene hin weiß gestrichen, und so sieht es aus wie aufeinandergeschichtete Birkenstämme.
Michaels Großtanten sind alle drei lang und hager, mit dünnem grauem Haargewölk um ihre Köpfe. Sie tischen uns Gebäckstücke auf, deren Schokoladenglasur bereits von weißen Äderchen überzogen ist, und starken Kaffee. Michael sucht nach Kaffeelöffeln und einer Zuckerdose und öffnet nachein-

ander alle der ungewöhnlich vielen schmalen Schranktüren, die wie Tapetenstreifen die Wände einkleiden und sogar zwischen und über den tiefsitzenden Fenstern angebracht sind. Die Schränke sind voll von weißer Wäsche: Berge von Bettzeug, Geschirrtüchern und Tischdecken, alle mit Klöppelspitzen und komplizierten Biesen verziert, wie sie meine Großmutter nicht feiner hätte nähen können. Hinter einer hohen Schranktür hängen sechs Hemden: Drei sind kurz und fast durchsichtig, so viele Spitzenrosetten durchbrechen den Stoff, die andern drei sind so lang wie ein großer Mann, aus dickem Leinen mit Stehkrägen. Michael und ich schauen uns verwirrt an, da lächelt Rosa, weist auf die weißen Tuchhügel und sagt: »Hier seht ihr unsere Aussteuer liegen. Wir hatten ja alle drei genügend Zeit, daran zu arbeiten. Wir dachten, sie euch zur Hochzeit zu schenken.«

»Und das«, sagt Rosemarie und zieht eins der kurzen Hemden unter den Lampenschirm, »waren unsere Taufgewänder. Die schenken wir euch ebenfalls. Für jedes eurer Kinder eines.«

»Behalten«, sagt schließlich Rosine und streichelt über eines der mannlangen Hemden, »behalten wollen wir nämlich nur unsere Leichengewänder. Die nehmen wir einmal mit ins Grab.«

Michael ist so außer sich über dieses unheimliche weiße Geheimnis seiner Großtanten, daß er sich bekreuzigt, als stünden drei greise Vampirinnen vor ihm, nicht alte Frauen aus seinem eigenen Fleisch und Blut. Ich weiß genau, daß es nur eines gibt, um diesen Schrecken zu vertreiben, nämlich eine glückliche Geschichte vom Leben und von der Liebe zu erzählen. Das wird die alten Frauen milde stimmen, sie werden sich sachte in ihren Schaukelstühlen vor und zurück wiegen und vergessen, uns unter ihren Bergen schneeiger Wäsche begraben zu wollen. Und weil es Montag ist in Worpswede, erzähle ich eine Montagsgeschichte aus dem Leben meiner Großmutter.

»Es war im Winter. Der Tag zuvor, ein Sonntag, war nur strahlend gewesen, doch bereits von jener Kälte, die blaue Augen zu einem nordischen Himmelblau aufzuhellen vermag. Das hatte Direktor Baumberger von der Textilfabrik am Morgen beim Kirchgang bemerkt, als seine blauäugige kleine Tochter als letzte in die Kirche gerannt kam. Deshalb hatte er schnell die junge Verena Nyffenegger beiseite genommen und gesagt: Hätten Sie heute nachmittag Zeit? Jetzt wäre ein wunderbarer Tag für die Hochgebirgsaufnahmen! Natürlich sagte meine Großmutter begeistert zu, denn Hochgebirgsaufnahmen waren das Aufregendste, was ihr Dorf zu bieten hatte.

Kurz vor zwei Uhr nachmittags hatte sie vor dem neuen Silo der Futtermühle bereit gestanden. Dann waren Direktor Baumberger, der Fotograf und Baumbergers älteste Tochter gekommen. Die Tochter hieß Monika, wollte einen künstlerischen Beruf erlernen und half meiner Großmutter jeweils beim Anziehen, Schminken und Arrangieren. Verena Nyffenegger war Monika Baumbergers Lieblingsmannequin, denn Verena war vollkommen schön und dazu überaus geduldig. Sie ließ sich hundertmal umziehen wie eine Puppe, die leicht gewellten Haare fielen stets in perfekten Locken, und Verena ließ sich mit so einer Begeisterung schminken und posierte so natürlich, daß sich Monika oft noch beim Abendessen mit ihrem Vater stritt und ihm zuredete, dieses begabte Mädchen doch so schnell wie möglich an eine Schauspielschule zu schicken und für sie aus dem Firmenvermögen ein Stipendium zu schaffen. Natürlich waren dem Patriarchen Baumberger solche Ideen äußerst fremd, aber heimlich freute er sich auf die Nachmittage, an denen er Monika und Verena bei der Arbeit zusehen konnte, denn ohne Eile oder Zeitverlust entstanden daraus die besten Bilder für seine Kataloge.

Auch an jenem Sonntagmorgen in der Kirche hatte er sich schon auf später gefreut, und als alle zusammen die dreihundert Stufen des Siloturms hinaufgeklettert waren, mit Kleidern und einer kompletten Skiausrüstung zusätzlich beschwert, da war

ihm so wohl ums Herz geworden wie selten. Die Tierfuttermühle hatte ihr Silo erst vor wenigen Monaten gebaut, und Direktor Baumberger hatte mit seinem praktischen Auge sofort gesehen, daß sich mit diesem Silo viel Geld sparen ließ. Es war das höchste Gebäude in dem weiten Tal, und stand man zuoberst, so war rings um einen nichts als der Himmel. Und so würde sich Direktor Baumberger für seine Wander- und Skimode-Aufnahmen künftig die langen und bei all dem Gepäck mühsamen Fahrten bis in die Berge hinauf sparen können. Denn auf dem Silo blies der Wind wie auf einem Gipfel, und der Himmel war genauso befreit wie um die höchsten Alpenspitzen.
Auch auf die Lungen und Gesichter der seltsamen Sonntagsausflügler hatten die dreihundert Stufen eine ähnliche Wirkung wie ein Alpaufstieg, und als Verena und Monika als erste oben ankamen, war Verenas Kopf zwar rot, doch die Augen leuchteten tatsächlich schon heller als eben noch auf dem Talboden. Sie waren von einem eisigen Blau, und Monika bemerkte zufrieden, daß diese Farbe zusammen mit dem leicht angegoldeten Wolkenweiß der McQueen-Windjacke, dem hellen Braun der Holzskier und der Himmelslandschaft ein unschlagbares winterliches Stilleben abgeben würde, wenn es doch nur endlich möglich wäre, andere Fotografien als die ewigen schwarzweißen zu machen.

Doch die Modeaufnahmen mit Monika auf dem Silo waren gestern gewesen. Heute war Montag, der überraschend gefallene Schnee lag hoch, und meine Großmutter und ihre Arbeitskameradinnen wußten kaum, wie sie den Weg zur Textilfabrik, die etwas außerhalb des Dorfes lag, bewältigen sollten. Denn am ersten Morgen nach dem Schneefall waren die Gemeindearbeiter alle damit beschäftigt, die Dorfstraßen freizulegen, und so stapften die Mädchen mit schweren Schuhen durch den hüfthohen Schnee. Fast war es Verena, als wäre sie auf einem Bergausflug mit der Damenriege, nur war es halb sieben Uhr am Morgen, und am Ende des Weges wartete keine Berghütte, sondern ein ganzer Tag in der Fabrik. Mit nassen Kleidern und Schuhen.

Als der Tag viele Stunden später um war, dunkelte es draußen bereits wieder, frischer Schnee war gefallen, und die Mädchen waren alle derart erschöpft, daß sie sich am liebsten auf den großen Stoffballen schlafen gelegt hätten. Doch die Fabriksirene trieb sie nach draußen, und sie schickten sich an, sich wieder eine Stunde durch Kälte und Dunkelheit zu schleppen. Als sie den kleinen, aber gefährlichen Abhang vor dem Tor bewältigt hatten, da sahen sie, wie ein Mann auf Skiern aus dem Lichtkegel einer Fabriklaterne gefahren kam, mit einem geübten Schwung den Abhang hinunterglitt und in der Mädchenschar suchte. Jede kannte den Menschen. Er war der beste und weitaus schönste Fußballer des Dorfvereins und der erste Mitarbeiter des Zimmermanns. Jede von ihnen hatte ihn schon ein Sonntagsturnier lang angeschwärmt oder versucht, im Ochsen mit ihm zu tanzen. Nur Verena Nyffenegger nicht. Ihr war dieser Mann viel zu schön, und sie konnte sich nicht vorstellen, daß er sich je für sie interessieren sollte.

Deshalb begriff sie den Sinn der abendlichen Skitour des von vielen so verehrten Werner K. erst, als sich all ihre Kameradinnen eilig von ihr verabschiedeten, und eine warme, aufgeregte Stimme fragte: Fräulein Nyffenegger, erlauben Sie mir, Sie bis ins Dorf zu begleiten? Und so fanden sich der Zimmermannsgehilfe und die Näherin in einer bitterkalten Winternacht und redeten so viel und so lange, bis sich der Schnee dermaßen in seiner Stille gestört fühlte, daß er sich schon von weitem vor den beiden zurückzog. Als sie im Dorf ankamen, mußte sich Werner K. die Skier von den Füßen schnallen und auf der Schulter tragen, so dürftig war der Schnee geworden. Doch weil er als Zimmermann gewohnt war, viel schwerere Bretter auf seinen Schultern zu tragen, ging er leicht und elegant neben meiner Großmutter her, die sich ausgerechnet in jenen Tagen am liebsten in den Hügelwald verkrochen hätte. So häßlich fand sie sich nämlich,

denn über dem Kummer um ihre verstorbene Schwester hatte sie ihre Fülle verloren und war nicht viel mehr als ein Strich in der Landschaft.
Es war allerdings gerade diese plötzliche Zerbrechlichkeit gewesen, die Werner K. am Herzen genagt, ihm Schlaflosigkeit bereitet und ihn zu einem so außerordentlich verwegenen Wegelagerer gemacht hatte. Denn vorher hatte er Verena zwar angestaunt wie alle Männer, aber immer geglaubt, daß dieses Mädchen sich für eine Mehrbessere hielt und tief auf dem Herzensgrund einen glänzenden, sorgfältig polierten, aber völlig gefühllosen Fleck liegen hätte.
Meine Großmutter hielt sich auch für eine Mehrbessere, aber in jenen ersten Schneetagen war sie ausgelaugt, dünn und traurig, hatte zuviel gesehen von der Welt der Reichen und Grausamen und wollte sich am liebsten wie ein zu früh geborenes Kälbchen in eine mit Heu ausgelegte Kiste unter eine Brutlampe legen. Und deshalb war sie empfänglich für diesen großen, starken Menschen, der neben ihr durch den Schnee leuchtete und warm war wie ein Weihnachtsbaum und an dem es auf dem Weg bis ins Dorf so gar nichts auszusetzen gab.
Nach vier Wochen verlobten sich Verena und Werner, und nach der Beziehungsprüfzeit von einem Jahr heirateten sie.«
Rosa, Rosemarie und Rosine sind still und verlegen geworden. Weil sie doch die ganzen Schränke voller

Aussteuer haben, aber nie von einem Mann aus ihrem gemeinsamen Heim geholt wurden. Vielleicht, so sage ich später zu Michael, als wir erleichtert das dunkle Häuschen verlassen haben, vielleicht haben sie auch Männerleichen im Keller eingemauert oder im Moor versenkt, wozu auch heiraten, wenn sie doch zusammen zu einem so überaus sonderbaren Leben fähig sind.

»Aber denkst du nicht manchmal, daß sich zwei sonderbare Leben zu einem wunderbaren fügen könnten?« fragt Michael in die Abenddämmerung hinein, und das ist gut so, denn ich will nicht, daß er die Röte in meinem Gesicht heraufziehen sieht. »Denkst du nicht manchmal, daß wir beide tatsächlich heiraten sollten?«

Ich schlucke tapfer das Wissen in mich hinein, daß dies der einzige Heiratsantrag in meinem Leben gewesen sein wird und daß Michael ihn nur als Test gemeint haben kann. »Nein«, sage ich bestimmt, »dann würden wir faul, weil wir einander nicht mehr so sehr gefallen müßten, und würden niemals ein Werk schaffen«, und ein Vers fällt mir noch ein, den Rilke einst gefunden hatte, »denn irgendwo ist eine alte Feindschaft zwischen dem Leben und der großen Arbeit.«

»Stimmt«, sagt Michael, wie mir scheint, zufrieden, »das sind eigentlich meine Worte«, und schweigend gehen wir in unsere Arbeitsstuben.

Wie ich zu meinem Namen kam und meine Großmutter zu einer Wasserleiche

Die tiefstehende Novembersonne und die letzten gelb gewordenen Blätter strahlen schon sehr früh sehr golden durch die Fenster auf unsere Betten. Wir stehen auf, ich fülle Kaffeebohnen in die Mühle mit dem Messinghut und mahle sie zu feinem Pulver. Michael steht neben mir am Herd und kocht wie immer die Hafergrütze, die Rilke so sehr liebte. Als Rilke sich nämlich mit Clara Westhoff verlobt hatte, schrieb er ihr aus Berlin sehnsüchtige Briefe über Hafergrütze in Worpswede, und in einem Geräteschuppen hat Michael sogar noch den doppelwandigen Grützekochtopf einer kalifornischen Firma mit der Aufschrift »Kann alles« gefunden, zu dem Rilke seiner Clara einst geraten hatte. Michael und ich können diese Sehnsucht gut verstehen, denn die sonst so kalte Küche im Barkenhoff wird unter dem satten Grützedampf wohnlich, und immer wieder streuen wir eine Schicht Zucker und Zimt über die von neuem glatt abgegessene, etwas steife Breifläche, trinken unseren Kaffee und

schauen zu, wie sich der Zimtstaub und die Zukkerkristalle zu einem glänzend braunen Sirup vermischen.
Nach dem Frühstück schieben wir das Küchenbüffet aus Nußbaum zur Seite. Das geht ganz leicht, denn das Büffet ist gar nicht aus Holz, sondern nur aus Pappmaché, und ein befreundeter Bühnenbildner hat es Michael vor vielen Jahren geschenkt. Hinter dem Büffet befindet sich ein in die Wand gebauter Schrank, zu dem nur Michael einen Schlüssel besitzt. Dort verstecken wir den Kochtopf, unsere Arbeitsunterlagen und die Computer und verlassen das Haus so lange, bis die Touristen sich am Nachmittag in den Cafés niedergelassen haben und nicht mehr ständig versuchen, in unser Haus einzudringen und alles mitzunehmen, was sie sich in ihre Rucksäcke und unter ihre Wanderjakken stopfen können.
An diesem Blattgoldmorgen bin ich höchst seltsamer Stimmung. Michaels Heiratsantrag hat alles Mißtrauen der Welt in mir aufschießen lassen, denn er weiß doch, wie sehr ich mich stets an Versprechen festklammere, auch wenn ich sicher bin, daß es einen Hintersinn aufzuspüren gibt, der die ganze Schönheit sofort in winzige Splitter bricht. Und als Michael mich auf unserem Gang hin zum Teufelsmoor bittet, doch bei den Erzählungen über meine Großmutter endlich einmal bei mir selbst anzu-

kommen, bleibe ich erst lange stehen, betrachte die überblauen Streifen zwischen den Wolken, die sich in den stillen, braunen Moortümpeln mit einem noch viel größeren Leuchten spiegeln, und mache mich auf Umwegen zur ersten gemeinsamen Geschichte von mir und meiner Großmutter.

»Es vergingen über drei Jahrzehnte. Meine Großmutter hatte unter den üblichen Mühen, die sich in den einfachen Verhältnissen den Menschen in den Weg stellen, drei Kinder geboren, großgezogen und in die Welt hinausgehen sehen. Und kaum hatten sie und ihr Mann auch dem jüngsten Sohn beim Auszug aus dem Dorf geholfen, da wurde Werner K. sehr krank. Und weil die beiden kein Geld hatten, um sich teure Medikamente zu kaufen, starb mein Großvater schon nach wenigen Wochen.

Nachdem er zu Grabe getragen worden war, stand meine Großmutter da, war noch keine fünfzig Jahre alt, ihre Kinder lebten über die Schweiz verstreut, und in sich fühlte sie Nutzlosigkeit. Fast ein Jahr verbrachte sie mit langen Spaziergängen, irrte ziellos durch die Felder, bis sie eines Abends von ihrem Cousin Jakob gefunden wurde. Der besaß ein großes Gehöft im Nachbardorf, wo er jedoch seit vielen Jahren ganz alleine im Haupthaus wohnte, weil die einzige Frau, die er irgendwann zum Heiraten gefunden hatte, schon lange wieder von ihm geschieden war und mit ihren Kindern und einem Erben des Schuhfabrikanten in Deutschland lebte.

Verena und Jakob hatten sich über all die Jahre gernbehalten, und weil Jakob inzwischen ein richtiger Großbauer geworden war, mit Knechten und Mägden, die bei ihm auf dem Hof lebten und für ihn die täglichen Feld- und Stallarbeiten verrichteten, hatte er Zeit, sich um seine unglückliche Cousine zu kümmern. So wurden Verenas Spaziergänge nicht mehr ziellos, Jakob fuhr sie mit seinem Auto in die Kantonshauptstadt, sie setzten sich in einen Tea-Room, meine Großmutter aß Schwarzwälder oder Zuger Kirschtorte und war auf der Heimfahrt auf jeden Fall ein bißchen vergnügter als am Morgen beim Erwachen.

Doch zu Hause saß sie dann wieder alleine in ihrer großen Wohnung, saß auf Stühlen und an Tischen, die Werner gezimmert hatte, lag in einem der beiden Ehebetten, und wenn sie im Schlaf ihre kalte Hand über den Bettgraben streckte, war da nichts Warmes mehr, unter das sich diese Hand schieben ließ, und alles Unglück war wieder da. Am schlimmsten waren die Wochen ohne Jakob, wenn er zu einer Landwirtschaftsmesse oder mit seinen Kindern in die Ferien fuhr. Natürlich spazierte Verena auch dann zu Jakobs Hof, und die nette Magd kochte ihr Kaffee und gab ihr frisches Brot und Eier mit, doch reden konnte Verena nicht mit der Magd,

denn von Welt war die nicht, kannte weder Luzern noch Basel und schon gar keine Kinofilme oder Verdi-Opern.
So dauerte diese doch ziemlich eintönige Trauerzeit meiner Großmutter beinahe zwei Jahre. Bis ihr ältester Sohn, der eine hübsche und liebenswürdige, aber für meine Großmutter etwas zu bescheidene Frau geheiratet hatte und mit ihr für ein Jahr nach Lausanne gezogen war, vor meiner Großmutter stand und fragte: Weißt du etwa noch einen schönen französischen Namen für ein Mädchen? Einen Bubennamen hätten wir schon.
Da brach um meine Großmutter ein Strahlen aus, wie sie es seit jener Winternacht neben Werner K. nicht mehr erlebt hatte, und ohne zu überlegen, sagte sie: Lou!
Oh ja! rief da meine zukünftige Mutter aufgeregt, Lou wie Lou Andreas-Salomé!
Und als mein zukünftiger Vater verwirrt zwischen den beiden einträchtig begeisterten Frauen hin und her schaute, sagte seine junge Gattin: Weißt du das denn schon nicht mehr? Lou war diese geniale Frau, die von Nietzsche und Rilke und noch ganz vielen gescheiten Männern geliebt wurde. Nietzsche hat sie einmal als Sternenfall bezeichnet, und gewiß hat Rilke dieses eine Gedicht auch über sie geschrieben.
Du meinst das von den fallenden Sternen? kam es

meinem Vater da endlich rettend in den Sinn, denn Gedichte auswendig zu lernen war im Deutschunterricht seine einzige Fähigkeit gewesen, den Rest der Stunden hatte er hilflos verträumt. Deshalb wohl hatte er von Lou Andreas-Salomé noch nie gehört, obgleich die Erinnerung an diese Frau sowohl in seiner Gattin wie auch in seiner Mutter geschlummert zu haben schien wie ein Vogeljunges vor dem Ausschlüpfen im Ei. Und so faßten sich meine Eltern an den Händen und rezitierten gemeinsam vor meiner Großmutter Rilkes Gedicht, in dem aus welkenden Himmelsgärten Sterne auf die Erde niederfallen, und meine Großmutter weinte leise vor Glück und betete, daß ihr erstes Enkelkind, das ihr da so unerwartet aus einem Himmelsgarten gefallen kam, auch wirklich ein Mädchen werden möchte.«

»Und dann kamst du«, sagt Michael, »und alles wurde gut.«

»Ja«, sage ich, »für einmal war es gut, daß man mich in diese Welt hat fallen lassen. Doch jetzt ist meine Großmutter schon lange tot, und Clemens liebt mich nicht mehr, was soll ich also noch?«

»Lou, Lou, aber ich brauche dich«, fährt mir Michael mit einer Stimme ins Ohr, die rauh ist vor Erstaunen, »weshalb kommst du nicht nach Berlin, und wir leben dort zusammen?«

»Weil Berlin zu groß ist«, sage ich, »weil ich dort aus

dem Haus trete und eine Straße vor mir liegt , die ist so lang, daß ich sie nie mit meinen Schritten bewältigen kann. Weil ich dort die Winter nur ertrage, wenn ich nach Wien fahre, und die Sommer über am liebsten zu Hause im Bett liegenbleibe.«

»Aber die andere Lou war doch glücklich in Berlin«, sagt Michael tröstend, »und denk an Marlis, die Tänzerin, die deine Großmutter wachküßte.«

»Was wissen wir schon von dieser Marlis?« frage ich zweifelnd. »Wahrscheinlich ist Marlis, die an den Olympischen Spielen die Fackel begleitete, aber in Ascona Frauen küßte, im Krieg bald verhaftet worden. Oder sie arbeitete als Spionin für Dänemark und ist deshalb verhaftet worden.«

»Gut möglich«, sagt Michael, »aber heute ist heute, und du bist dazu geschaffen, daß dir ganz Berlin zu Füßen liegt.«

»Jetzt plötzlich? Wo ich doch nur als deine Muse eine Daseinsberechtigung habe?«

»Manchmal bist du ein richtig blödes Kind«, sagt Michael verärgert, »wer als du soll denn besser wissen, daß Worte mehr als eine Richtung haben? Aber jetzt laß uns endlich vorwärtskommen. Weißt du überhaupt, daß du mir noch immer die Geschichte vom letzten Liebhaber deiner Großmutter als Wasserleiche schuldig bist?«

»Gut«, sage ich und denke, wie schwierig es ist mit dem Verstehen und wie ich in die Lügen von Clemens immer ein Vertrauen setzte und in die Worte von Michael ein Mißtrauen, obwohl mir Michael immer angestrengt versucht, meinen verstopften Kopf aufzureißen. »Dann war dein Heiratsantrag also ein richtiger?« frage ich deshalb noch.

»Ja«, sagt Michael, »jetzt komm endlich zur Wasserleiche.«

Und da glaube ich ihm und fühle mich aus einem engen, ängstlichen Traum erlöst. Wir blicken einander an, ich weiß, daß bei diesem Mann eine Sicherheit und eine Freundschaft liegen, wie sie mir nie mehr einer geben wird, und alle Furcht gleitet von mir ab. Ich fühle mich wohl wie ein junges Kätzchen, das mit anderen Kätzchen in einem Korb liegt und von der Welt nichts weiß, als daß sie weich und warm ist und manchmal nach süßer Milch schmeckt. Ich frage mich, ob ich Michael jetzt küssen soll, doch da ist kein Drängen.

»Natürlich war der letzte Mann im Leben meiner Großmutter kein Fremder«, fahre ich fort, »dafür war ihre Welt eine Spur zu klein geraten, und die Dörfer ihres Tales wurden allmählich verlassen. Die Textil- und Schuhfabrikanten waren schon längst weggezogen, und die jungen Menschen hielten es im ewigen Nebel, der sich zwischen Oktober und März über das Tal senkte, nicht aus. Und so kam von denen, die es dort noch ertrugen, immer eines zum andern, wenn auch nur eine kleine Neigung zwischen ihnen

vorhanden war. Die Neigung zwischen Verena und Jakob war bekanntermaßen groß, und nach einer anständig langen Zeit, es war ein gutes halbes Jahr nach meiner Geburt, sah man die beiden Hand in Hand durch die Felder spazieren. Wie groß das Begehren zwischen ihnen außerdem noch war, hat nie jemand herausgefunden, zusammengezogen sind sie nicht, und ob sie während ihrer häufigen Reisen je ein gemeinsames Hotelzimmer bezogen, hat mir meine sonst so mitteilsame Großmutter nie erzählt.
Klar ist jedoch, daß mit meiner Geburt eine neue Lebendigkeit in meine Großmutter fuhr. Sie legte die schwarz eingefärbte Trauergarderobe beiseite und benutzte davon nur noch einzelne Stücke, wenn sie im Kirchenchor festlich gekleidet zu einem Konzert erscheinen mußte. Doch auch diese Kleider wurden bald mit Häkeltüchern aus Goldlurex aufgerüstet, und oft saß sie jetzt an ihrer alten Tretnähmaschine und nähte sich nach französischen Modejournalen elegante, in ihrer Buntheit zuweilen sehr wagemutige Kleider. Sie wurde zur bestangezogenen Großmutter weit und breit und führte bald ein regelmäßiges Teekränzchen für ältere Damen im Café Caprice, wo sie ihre neuen Kreationen vorführte und ihre Freundinnen ermutigte, die sackartigen, kleingemusterten Arbeitsschürzen nur noch für die Hausarbeit zu tragen, aber sich für die Straße auf jeden Fall feinzumachen.

So sah der stattliche Jakob, der sich seine Anzüge ausschließlich bei einem englischen Herrenschneider in Luzern anfertigen ließ, wie sich die alternde Verena wieder in jene lebenslustige, weltgewandte Frau verwandelte, die sie in ihrer Jugend wenige Jahre über gewesen war. Und er beschloß, seiner wunderbaren kleinen Cousine endlich so viel von der großen Welt zu Füßen zu legen, wie er es vermochte. Die beiden reisten ins Tessin, dann nach Genf und Mailand, fuhren in Frankreich von einer gotischen Kathedrale zur andern und besuchten in einer einzigen Woche fünfzehn Loire-Schlösser. Und überall bewunderten die Leute das Paar, besonders die gepflegte Frau mit den großen Hüten und der exorbitanten Sonnenbrille, und mancher Kellner fragte scheu, ob ihm Frau Bergman nicht bitte ein Autogramm geben könne.

Es kam allerdings der Tag, an dem ich den sonst so angebeteten Großonkel Jakob verfluchte. Es war der Tag, an dem er beschloß, den nächsten Urlaub auf den Kanarischen Inseln zu verbringen. Ganze zwei Wochen sollte er dort meine Großmutter nur für sich haben, am andern Ende der Welt. Natürlich flogen die beiden zusammen weg, mit allen Hüten und Sonnenbrillen, die meine Großmutter besaß, doch wenigstens war ihr Gewissen von meinen Klagen so beschwert, daß sie mir jeden Tag eine Postkarte mit bunten Papageien auf Palmen schickte.

Auf einer Karte war eine Palme mit einem Kugelkopf voll schlanker, scharfer Blätter zu sehen, und meine Großmutter hatte dazugeschrieben: Liebe Lou, dies ist ein Drachenbaum. Weil einer von ihnen dreitausend Jahre alt geworden ist, bevor er vom Blitz getroffen wurde, sind Drachenbäume auf Teneriffa heilig. Der Drachenbaum schwitzt rotbraunes Harz, das man hier Drachenblut nennt, und wenn sich die Papageien auf den Drachenbaum setzen, bleiben sie an ihm kleben. Deshalb meiden sie den Baum, und deshalb siehst Du auf dieser Karte auch keinen farbigen Vogel.
Und dann kamen meine Großmutter und Jakob wieder. Erreichten erschöpft ihr Dorf, brachten das Gepäck nach Hause, ruhten sich aus, aßen im stikkigen »Ochsen« zu Abend und spazierten nachher gemeinsam durch ihr armseliges Heimattal, das noch nie eine Palme gesehen hatte und Papageien einzig in der Vogelvolière von Direktor Baumberger. Sie gingen bis zum ausgetrockneten Hügelbach, wo einst das Schloßfräulein den Täufling ins Wasser hatte fallen lassen, und plötzlich klammerte sich meine Großmutter an Jakobs Arm, denn eine höchst unerwartete Gestalt kreuzte ihren Weg. Es war eine alte Zigeunerin, die aus dem Wagendorf am gegenüberliegenden Waldrand kommen mußte. Viel war in der Dämmerung nicht von ihr zu erkennen, doch sie roch schlecht, und meine Großmutter

hatte Angst, von ihr angefaßt zu werden. Die Zigeunerin wollte jedoch weder das Geld noch den Rockzipfel meiner Großmutter, sondern sagte bloß: Ihr werdet bald durch ein schreckliches Schicksal getrennt werden. Dann war sie verschwunden. Verena und Jakob fürchteten sich sehr an diesem Abend. Am nächsten Morgen hatten sie die Zigeunerin vergessen.

Wenige Wochen später fuhr Jakob zur Generalversammlung des Männerchors. Der erste Rauhreif hatte die unvorbereitete Welt mit einem stachligen Silberpelz überzogen, Jakobs glatte Sohlen rutschten über das knirschende Gras, und die Vereinshütte am Bach, die sonst den Fischern gehörte, war schon weihnachtlich geschmückt. Die Männer hatten ihre Generalversammlung in einer Dreiviertelstunde hinter sich gebracht, dann sangen sie und tranken Glühwein. Und weil das Spülwasser der Toilette zu einem großen Eisblock gefroren war, stellte sich auch Jakob wie alle mit seiner vollen Blase an den Bach. Der Bach war hoch und schnell und dampfte kleine weiße Gespenster ins kristallstarrende Weidengeäst hinein. Jakob stand und staunte, tat nach einer Weile einen Schritt auf die Gespenster zu, fiel in den Bach, und sein vom Glühwein langsam gewordenes Herz hörte in der Kälte bald zu schlagen auf.

Noch in der gleichen Nacht holten seine Kameraden die Polizei, und die suchte Jakob mit Hunden und großen Laternen in jeder Bachbiegung und an jedem Baumstrunk, doch sie fanden nur ein zerrissenes weißes Batisttaschentuch mit den Initialen V.N. aus der Aussteuer meiner Großmutter und ein gestricktes Halstuch. Erst am nächsten Morgen wurde zwei Dörfer weiter in einem Rechen ein älterer Mann entdeckt. Das schnelle Wasser hatte ihn regelrecht an den Rechen gesetzt, so daß sein Kopf leicht in den Nacken gelehnt aus dem Wasser schaute, als wollte er nach Luft schnappen. Doch statt dessen lief ihm nur immer mehr Wasser in den Mund, und Magen und Bauch waren angeschwollen wie bei einem schwerkranken Tier. Deshalb zogen die Polizisten Jakob Nyffenegger an den Füßen aus dem Bach und ließen ihn so lange kopfüber hängen, bis alles Wasser zusammen mit dem Glühwein und anderen Säften aus Mund und Nase geflossen war. Dann fuhren sie die Leiche auf die nächste Polizeistation, und als sie auf der Innenseite des Hemdkragens ein kleines weißes Namensschildchen mit einem rotgestickten Namen fanden, brauchten sie nur noch meine Großmutter anzurufen und sie zur endgültigen Identifizierung zu bitten. Meine Großmutter kam, majestätisch und grau, hob langsam das weiße Tuch von Jakobs Gesicht, sagte: ›Ja‹ und ging und wurde erst an Jakobs Beerdigung wiedergesehen.«

Von gefährlichem Jungmädchenirrsinn und dem Kontrakt der grausamen Dame

Als Michael und ich in Berlin ankommen, ist es später Nachmittag, und aus dem grauen Himmel fallen kleine, trockene Schneeflocken. Wir tragen unsere schweren, mit Büchern und Papieren gefüllten Koffer fünf Treppen hinauf, ich gehe ein paar Schritte hinter Michael, und unsere Tritte ziehen eine einzige nasse Spur.

Wir lassen die Koffer im Flur stehen, Michael sucht in der Küche nach Kaffee, und ich setze mich im Wohnzimmer auf ein großes rotes Sofa. Das Sofa steht vor einem Fenster, und vor dem Fenster liegt Schloß Charlottenburg. Liegt da einfach hinter dem Ägyptischen Museum, und wenn ich mich tief in das Sofa schmiege, sehe ich nur diese Museumskuppel mit dem weißen Säulenkranz und dahinter ein gelbes Stück Schloß mit einer grünen Kupferkuppel und hervortretenden ovalen Fenstern darauf, von denen jedes eine goldene Krone trägt. Über allem dreht sich ein goldener Engel im Wind. »Manchmal blickt mir der Engel mitten ins Gesicht«, sagt Michael, setzt sich dicht neben mich, wir sehen den Schloßengel an und dann einander.

»Noch eine Geschichte, bitte, liebe Lou, erzähl mir noch eine Geschichte«, sagt Michael, dessen Stimme nach der angestrengten Fahrt durch das Schneetreiben dumpf klingt, wie eine mit Wachs ausgefüllte Glocke, »danach geh ich schlafen, und du beginnst endlich, all deine Großmuttergeschichten aufzuschreiben, genau so, wie du sie mir in den letzten Wochen erzählt hast. Das wird ein schönes Werk, da bin ich mir sicher.«

Und weil ich einem, den ich liebe und der mich dazu noch auf ein Schloß blicken läßt, trotz meiner eigenen Müdigkeit keinen Wunsch verweigern kann, fahre ich dort weiter, wo ich die Geschichte meiner Großmutter in Worpswede verlassen hatte: »Wenige Tage nach Jakobs Tod stand die Testamentseröffnung bevor. Jakobs geschiedene Gattin wollte anreisen und der einzige seiner vier Brüder, der noch am Leben war. Ausgerechnet meiner Großmutter fiel es zu, mit Hilfe der vor Trauer verstummten Magd Jakobs Haus für diesen Anlaß herzurichten. Sie ging also hin, brachte seine Anzüge in die Reinigung, warf alles weg, was fremden oder fremd gewordenen Menschen einen allzu persönlichen Einblick in Jakobs Leben erlaubt hätte, denn bereits am Tag nach der Testamentseröffnung sollte der Hof versteigert werden. Dies war der Wunsch der Witwe, die sich

nicht unnötig lange in dem verhaßten alten Dorf aufhalten wollte.
Meine Großmutter hatte sich zusammen mit Jakobs Angestellten einen traurigen Abend lang überlegt, wie es wohl wäre, wenn sie mit auf den Hof ziehen und gemeinsam mit der Magd und den beiden Knechten Jakobs Landwirtschaft weiterführen würde. Im Wohnhaus, das einst für eine ganze Familie gebaut worden war, wäre genügend Raum für vier Menschen gewesen, und alle hätten zu gleichen Teilen an den Einkünften verdient. So stellten sie sich das vor und wußten doch, daß es eine Unmöglichkeit damit hatte, weil die Witwe so habgierig war. Und meine Großmutter dachte sich, daß ihre Geschichte mit Jakob grad so endete, als spielte sie noch einmal in einem jener alten Theaterstücke im Ochsen, und eine hinterhältige Seele hätte den Schluß verdorben und einen neuen, häßlichen geschrieben.
Sie richtete also Zimmer um Zimmer, nahm ein paar Sachen an sich, Geschirrtücher und Tischdecken, Übertöpfe für Zimmerpflanzen, etwas Porzellan, dessen Goldränder noch nicht abgeschabt waren, ein Foto von Jakob, seine alte Uhr und einen silbernen Konfitürelöffel für mich. Hinter ihr her ging schon der Notar, um die Innereien von jedem Zimmer in eine lange Liste einzutragen. Und dann kam sie zu Jakobs Schreibtisch und zu einer überra-

schenden Neuigkeit. In einer der vielen Schubladen fand sie Briefe. Der oberste war erst drei Wochen alt und von Jakobs Sohn, und so gingen die in Zwanzigerbündeln verschnürten Briefe Tag für Tag in Jakobs Vergangenheit zurück, und fast zuunterst fand meine Großmutter ein ganzes Bündel, das nur aus ihren eigenen Briefen bestand, die sie ihrem Cousin damals in die Rekrutenschule geschickt hatte. Sie packte alle Briefe sorgfältig in ihre Einkaufstasche und nahm sie mit sich nach Hause.

Dort löste sie die Schleifen aus liegengebliebenen Weihnachtsgeschenkbändern, sortierte zuerst ihre eigenen Briefe, legte sie dem Datum nach absteigend wieder zueinander, doch als sie das Bündel von 1937 öffnete und ihren Brief von der Basler Mustermesse beiseite gelegt hatte, stutzte sie verwundert: Da war ein Umschlag, wie sie ihn selbst immer aus dem Sekretär ihrer Mutter geholt hatte, auch die Schrift war ihrer eigenen sehr ähnlich, und als Absender stand da ›M. Nyffenegger‹. Meine Großmutter staunte weiter, als sie auch in allen Bündeln, die bis zu den Briefen in die Rekrutenschule zurückgingen, noch mehr dieser Umschläge fand, die in einer immer kindlicheren Weise beschriftet waren. Erst als sie zum Absender ›Cousine Margritli Nyffenegger‹ fand, wußte sie, daß all diese Briefe von ihrer unzeitig früh verstorbenen jüngeren Schwester stammten, und da wagte sie auch, in den Briefen zu lesen, denn in Ja-

kobs Korrespondenzen mit fremden Leuten wollte sie sich lieber nicht einmischen.
Im ersten der Briefe stand: Lieber Jakob, ich liebe Dich und will Dich heiraten. Willst Du mich auch heiraten? Viele Grüße von Deiner Cousine Margritli.
In einem späteren: Liebster Jakob! Gestern habe ich mich im Gebüsch versteckt, um Dich heimlich bei der Feldarbeit zu beobachten. Du bist der schönste Mann auf Gottes Erdboden, das weißt Du wohl, und lieber würde ich sterben, als von Dir nicht geliebt zu werden! Und dann wurden die Briefe immer trauriger und verzagter, aber abbrechen wollten sie erst kurz vor Margrits Tod.«
»Dies alles«, sage ich zu Michael, »hat mir meine Großmutter selbst erzählt. Nur über Margrits letzten Liebesbrief an Jakob hat sie geschwiegen. Ich habe ihn aber bei meiner Großmutter gefunden und heimlich kopiert.«
Und ich suche in einer Mappe, die voller Blätter ist mit Dingen, die mir vielleicht zum Schreiben nützen könnten. Gleich unter einigen Postkarten der irr gewordenen Wuppertaler Malerin liegt Margrits Brief, den ich mit vierzehn Jahren abgeschrieben hatte. Die Buchstaben fliehen so sehr über den rechten Papierrand hinaus, daß sie fast auszugleiten scheinen, derart eilig hatte ich es damals mit dem Vorwärtskommen und dem Verlassen von allem, was mir heute wieder lieb ist: meine Eltern, mein Dorf, die Sorg-

samkeit, die Michael um mich breitet, und mein Restchen Leben. Michael beugt sich aufgeregt über meine Kopie, und schweigend und mit aneinandergedrängten Gesichtern lesen wir Margrits letzten Brief an Jakob.

Basel, den 27. Oktober 1937

Jakob, mein geliebter Jakob

Es geht mir nicht gut hier in Basel, doch das wird Dir meine Schwester wohl bereits ausführlich und mit vielen aufrichtig sorgenvollen und dabei bunten Pinselstrichen berichtet haben. Was soll ich Dir denn Neues schreiben? Doch nicht etwa, daß mich die Köchin der Merians liebt wie eine verstoßene Katze, daß ich sogar angefangen habe, die dicken Spinnen in meinem Zimmer zu mögen, weil sie leise sind und neben der Köchin die einzigen Lebewesen, die mich nicht mit Absicht verschüchtern wollen? Was kümmert es Dich? Was kümmert Dich mein Kummer?
Ich weiß doch so gut, daß ich Dir lästig bin, aber Du weißt auch, daß ein Wort von Dir genügen würde, und meine arme Seele wäre still. Ich bin nun einmal so: Mein Kopf kann meinem Herzen über Jahre hin befehlen, von Dir zu lassen. Es wird es nicht tun, solange Du es nicht befiehlst. Jakob, ich kenne keine Liebe außer Dir. Ich hab ein dummes Herz, das ist gewiß, aber auch ein gar treues und gro-

ßes, das wird Dir in all den Jahren wohl bewußt geworden sein, und deshalb könntest Du mich eines Tages vielleicht doch noch lieben, auch wenn ich nicht schön bin wie meine Schwester.

Hoffnung darauf habe ich allerdings keine, denn hier geht es mir so schlecht, daß ich dem Leben gegenüber gerade sehr gleichgültig bin und ihm keines seiner Versprechen mehr glaube. Ja, so ein baldiger Tod wäre eine gute Lösung. Weil ich gar so mutlos geworden bin, halte ich auch nichts mehr auf das Urteil anderer Menschen über mich selbst. Und deshalb werde ich Dir von dem winzigen Teufel schreiben, der in mir wohnt, auch wenn er machen wird, daß Du mich noch mehr verachtest als bisher.

Es war an einem linden Frühlingsabend. Ich hielt mich, wie so oft, in den Büschen vor Deinem Haus versteckt, da tratst Du aus der Tür und machtest Dich zum Bahnhof auf. Deine Kleider waren ungewohnt, so festlich an einem Werktagsabend und doch von einer Zigeunerhaftigkeit, wie ich sie an Dir noch nie gesehen hatte. Du warst wunderschön darin, und wie betäubt folgte ich Dir vorsichtig nach, und dann stiegst Du am Bahnhof in den bereitstehenden Zug, der in die Kantonshauptstadt fuhr. Ich hatte nichts mit mir, schon gar kein Geld, und so kletterte ich in den Postwagen, legte mich ohne Rücksicht auf meine Kleider an der Wand auf den Boden und deckte mich mit leeren Säcken zu. Es atmete sich schlecht unter dem rauhen Tuch, und als der Zug anfuhr, hämmerten sich im Takt seiner

Räder kleine Schmerzen in meine Glieder. Und doch lag auch noch eine weiche Seligkeit neben mir, denn schließlich war ich bei Dir. Schwierig war es in den Bahnhöfen, ich wußte ja nicht, ob Du bis in die Stadt fahren würdest oder nur in eines der kleinen Dörfer, und so mußte ich an jedem Bahnhof einen Weg finden, aus meinem Versteck zu kriechen und ungesehen die schwere Tür so weit zurückzuschieben, daß ich den Wechsel der Passagiere im Auge behalten konnte.

In der Stadt schlich ich Dir nach wie eine elende Katze, denn Kleid und Gesicht waren voller Schmutz. Zu meinem Glück hing die Dämmerung schon sehr dicht in den Straßen, und so kam ich unerkannt hinter Dir zu einer eleganten kleinen Villa, die aus der Hölle aufzusteigen schien, denn aus ihren vergitterten Kellerfenstern drangen rotes Licht und eine sündige Musik. Männer, die gekleidet waren wie Du, standen im Garten und rauchten, einer von ihnen, mit einem bleichen, zarten Gesicht, stand etwas erhöht in einem Pavillon und las Gedichte vor. Wie gerne hätte ich mich zu ihm gestellt und hätte ihm während des wunderbaren Goethe-Gedichts vom Land mit den blühenden Zitronenbäumen das Blatt gehalten, denn der junge Mensch schien aufgeregt und fiebrig, und fast tonlos sprach er den einen Vers in den Abendwind: »Dahin, dahin will ich mit Dir, o mein Geliebter, ziehn!«

Erinnerst Du Dich? Ich habe Dir dieses Gedicht vor langer Zeit einmal geschickt, es war in einem Band, den ich vom Dachboden der Bezirksschule gestohlen hatte, und

Abend für Abend las ich heimlich vor dem Schlafengehen darin. An jenem anderen Abend in der Stadt nun versammelten sich plötzlich alle Männer vor dem Eingang der Villa, die ersten waren bereits hineingegangen, und ich blieb alleine in der kühlen Nacht zurück. Ich legte mich in einem Blumenbeet nahe am Haus auf die samtigen Stiefmütterchen und versuchte, durch die Gitterstäbe einen halben Blick durch das Kellerfenster zu tun. Und was ich sah, war ein Traum aus Sodom und Gomorrha. Denn da tanztet Ihr, in Paaren, viel geschmeidiger, als dies sonst für Männer üblich ist, die Musik war weich und süß wie Rosenwasser, und alles schien sehr kostbar, die Champagnerkelche und bunten Lampen und eine karmesinrote Seidendecke, die auf einem Haufen großer Kissen lag.

Doch richtig verwegen wurde diese Nacht erst vor dem nächsten Kellerfenster. Denn dahinter war ein Raum, ganz aus Marmor gebaut, in dessen Mitte lag ein flaches Wasserbecken mit einer Fontäne, und um dieses waren in einem Sternenrund sechs gezackte Nischen angelegt, mit Simsen und kleinen Brunnen. Zwischen den einzelnen Nischen waren Rosetten aus dem Marmor gesägt und erlaubten einen heimlichen Durchblick, und um die Brunnen saßen immer zwei Männer, gossen sich mit goldenen Schalen dampfendes Wasser über die Körper, tranken dunklen Tee aus dünnen kleinen Gläsern und redeten leise miteinander. Daß Gott mich noch nicht mit Blindheit gestraft hat, ist nur ein Zeichen, daß er mich schon verstoßen und vergessen hat und daß ich eigentlich kein Recht mehr

habe, auf seiner Welt zu weilen. Denn was ich zu sehen glaubte, überstieg alles, was ich über das Männergeschlecht jemals gelesen oder gedacht hatte. Nur Dich habe ich dort nicht gesehen, und das tat mir wohl.
Nach zwei Stunden war mir allerdings so erbärmlich zumute in meinem Stiefmütterchenbeet, daß ich mich wieder auf den Weg zum Bahnhof machte, mich von neuem in einem Postwagen verkroch und lange nach der Schlafenszeit zu Hause ankam. Verena erwartete mich wach und ängstlich und hatte mich schon geschickt vor dem Argwohn der Mutter beschützt, doch erzählen konnte ich ihr über meine Fahrt nichts. Nur einmal dachte ich daran. Dachte, Dich vor die Wahl zu stellen, mich nun endlich zu lieben oder Dein Geheimnis vor dem ganzen Dorf verraten zu sehen. Doch war dieser Gedanke nur ein kurzes, böses Geblitze in meinem Herzen, das außer Dir nur noch dem Tod gehören wird. Ich liebe Dich.

Deine Margrit

Nach diesem Brief sind Michael und ich verstört. Weil wir doch beide glaubten, daß der Irrsinn, wie er uns selbst so häufig plagt, wenigstens in der Welt meiner Großmutter keine Macht gehabt hätte. Ohne ein Wort holt Michael Bettzeug für mich aus seinem Schlafzimmer, und anders als damals bei Clemens und seiner Gästematratze habe ich überhaupt keine Absicht, diese Nacht nicht alleine zu verbringen. Vor

dem Fenster steht das beleuchtete Schloß wie ein gelbes Gespenst und steht da noch immer, als ich nach Mitternacht aus einem kurzen, fürchterlichen Traum hochschrecke.
Im Traum waren viele fremde Menschen in Michaels Wohnung gekommen. Immer sperrte ich wieder die Tür zu, und immer kamen noch mehr, und einmal trat ich vor die Tür, und da stand ein alter Mann mit gelblichem Bart in der Tür gegenüber, stand da in einem Bademantel, den öffnete er schnell, und darunter war sein ganzer alter, faltiger Plunder. Voller Übelkeit flüchtete ich mich in mein Zimmer und fing an, meine Dinge zusammenzusuchen und in einen Koffer zu sperren. Doch der Koffer war bald übervoll, meine Habseligkeiten wuchsen zu einem Berg, dessen Spitze, kaum abgetragen, sofort noch höher und gegen die Unendlichkeit hin stieg. Und wie ich hastig immer neue Lieblingsgegenstände fand, unter ihnen die Krone einer Kinderbuchprinzessin, kam Michael zu mir und wollte mich beruhigen. Wir setzten uns auf das Bett, da warf er sich plötzlich auf mich, ich dachte, daß mir fürwahr noch Schlimmeres zustoßen könnte, umarmte ihn, doch sprossen dichte Pelzbüschel aus seinem Rücken, und ich schrie und schrie.
Das alles erzähle ich Michael am nächsten Morgen natürlich nicht. Der sitzt bleich und mit seiner dikken Lesebrille vor den Augen beim Frühstück, blät-

tert in einem alten Buch aus der Bibliothek seines Vaters, und ich weiß, daß über Nacht eine neue Seltsamkeit zwischen uns ausgebrochen ist.

»Stell dir vor«, sagt er, »da gab es im hochviktorianischen England zwei Freunde. Der eine hielt sich eine weibliche Gottesanbeterin als Haustier, der andere eine männliche. Eines Tages kam es zum Bruderzwist, denn beide Männer waren der gleichen Dame aus der Halbwelt verfallen, und die Dame liebte sie beide wieder mit verzehrender Glut. Die Freunde aber konnten es nicht ertragen, ihr Liebeslager jede zweite Nacht vom andern befleckt zu wissen. So beschlossen sie, zum Duell zu schreiten. Doch die Dame, die grausam war, forderte, erst sollten die Rivalen ihre beiden Haustiere gegeneinanderhetzen, und der Eigentümer des Siegertiers sollte sodann den andern enthaupten. Natürlich triumphierte da der Besitzer des Weibchens, doch der Besitzer des Männchens, dem die Liebe schon das halbe Gehirn zu einer quallenartigen Masse aufgeweicht hatte, machte sich eine höchst widersinnige Hoffnung.

Man schritt also zum Vollzug. Im Boudoir der Dame wurde das Männchen dem Weibchen ins Glas gesetzt. In wenigen Minuten gelang es dem Weibchen, sich das verängstigte Männchen zu greifen. Zuerst biß es ein Stück seines linken Vorderbeines ab und verschlang das zweite und dritte Beinglied. Als nächstes riß sie sein linkes Auge heraus. An diesem Punkt schien das Männchen zu begreifen, daß es einem Mitglied des andern Geschlechts nahe war, und begann mit seinem Paarungsversuch. Das Weibchen fraß dabei sein rechtes Vorderbein, köpfte ihn schließlich, verschlang seinen Kopf und biß als nächstes in seinen Thorax. Erst als sie diesen bis auf einen kurzen Stummel verschlungen hatte, machte sie eine Pause. Das Männchen versuchte weiterhin, in sie einzudringen. Nun, da sie sich freiwillig öffnete, hatte er Erfolg, und die Vereinigung fand statt. Vier Stunden lang blieb das Weibchen ruhig, und drei Stunden lang gab der Rest des Männchens noch gelegentliche Lebenszeichen von sich, indem er die Reste seiner Beinglieder bewegte. Am nächsten Morgen hatte sich die Frau vollkommen von ihrem Gatten befreit. Nur die Flügel waren von ihm übriggeblieben.

Während dieser gründlichen Mordnacht hatte die Dame beide Herren zu sich ins Bett genommen, die zwei hatten sich, den Siegeschancen ihrer Tiere entsprechend, aus Verzweiflung oder aus Überheblichkeit derart betrunken, daß sie einander zwischen den weichen Laken und noch weicheren Schenkeln der Dame nicht mehr Feind sein konnten. Doch am nächsten Morgen galt es, den schriftlich festgehaltenen Kontrakt einzulösen. Von ihrem Balkon aus beobachtete die Dame, wie der Kopf des Verlierers mit einem letzten begehrlichen Blick auf ihr goldenes

Haar fiel. Der Sieger setzte ihr stolz den Kopf auf einer Silberplatte vor ihr Frühstücksgedeck, und sie bedankte sich voller Liebenswürdigkeit. In der nächsten Nacht liebten sie sich in einer Vollkommenheit, wie sie das irdische Leben nicht vorgesehen hat. Voller Gier schlugen sie einander die Zähne ins Fleisch, bis sie den Geschmack von Eisen und Salz auf ihren Zungen spürten. Am nächsten Morgen erwachte die Dame rosig und friedlich. Der Mann war tot.«

Michael und ich blicken einander voller Entsetzen an.

»Lou«, sagt er schließlich leise und traurig, »ich glaub, ich hab Angst vor dir.«

»Ich vor dir auch«, sage ich, packe meinen Koffer sehr schnell und verlasse Michael, Berlin und alle Hoffnung.

Helena und ich verbringen ein kleines Stück Liebe am Ende der Zeit

Am Abend vor meinem Tod bin ich mit Helena auf der Eisbahn über der Stadt. Es ist ein klarer Abend, ganz schwach sieht man hinter dem See die verschneiten Bergspitzen in die Dämmerung abgleiten, unter uns liegt ein helles Stück Wald, die Stadt ist bis auf ein feines Glitzern unsichtbar.

»Ich glaub fast, du hast Clemens endlich überwunden«, sagt Helena, als sie sich die Schlittschuhe schnürt, »jetzt sind wir schon seit drei Stunden unterwegs, und du hast ihn noch nicht erwähnt.«

»Ja«, lüge ich, »ist das nicht ein nettes frühes Weihnachtswunder?«

Helena schleift mit ihren Kufen einen Schmetterling ins Eis. Er ist schön, mit riesigen Kreisen auf den Flügeln, und Helena ruft mir zu: »Die mußt du dir jetzt wie Pfauenaugen vorstellen, nur viel größer und mit viel Blau, Grün und Gold!«

»Schön!« rufe ich zurück und zittere auf meinen Kufen.

»Aber noch viel weniger schön als du!« schreit

Helena mir von den Fühlerkringeln her zu, dann fährt sie, ohne Spuren zu hinterlassen, zu mir, faßt mich an beiden Händen und zieht mich der Zeichnung entlang. Als wir in einem der Pfauenaugenkreise stehenbleiben, küßt sie mich mitten auf den Mund.

»Lou, liebe, liebe Lou, jetzt, da dein Herz wieder wild und frei ist, möchtest du nicht endlich meine Frau werden?«

»Irgendwann gewiß, jetzt, hab noch ein wenig Geduld«, sage ich, küsse Helena zurück und weiß doch, daß es ein solches Irgendwann nie geben wird, wenn nicht heute. Helena trägt das glatte schwarze Haar in einem genauen Pagenschnitt um ihr schmales Gesicht, dazu einen langen Mantel aus Kunstpelzstreifen, die miteinander vernäht sind wie Nerz. Auf ihrem Haar sitzt ein graues Hütchen aus Persianer, das hat einmal meiner Großmutter gehört, und die hat es an mich weitergeschenkt, doch meine lackierten roten Locken sehen davon aus wie ein zusammengedrücktes Vogelnest aus Kupferdraht.

Es war der einzige Hut, den sich meine Großmutter je anfertigen ließ, bei einer richtigen Modistin, und auf das Innenfutter ist noch immer ein schwarzes Schild genäht, darauf steht mit Silberfaden gestickt: »Chapeaux et Accessoires. Monique Beauberger«. Daß die Modistin eigentlich Monika Baumberger hieß und eine Tochter des berühmten Direktor

Baumberger war, wußte natürlich das ganze Tal, aber man ließ der jungen Frau diese exklusive Freude.

»Was ist eigentlich Persianer?« fragte ich meine Großmutter einmal.

»Ach, da schneidest du einem Mutterschaf kurz vor der Niederkunft den Bauch auf, nimmst das Junge heraus und häutest es. Das Fell des Ungeborenen heißt dann Persianer, glaub ich«, sagte meine Großmutter in ihrer arglosen und praktischen Art, während sie aus einem Suppenlöffel dünnflüssigen Waffelteig auf den Boden des Waffeleisens goß.

Ich konnte kaum glauben, was sie da so ungerührt erzählte, und fragte aufgeregt: »Sind es etwa die gleichen Menschen, die Gefangene in den Sand eingraben und ihnen blutige Tierhäute auf den Köpfen trocknen lassen?«

»Du meinst Russen? Ja, wahrscheinlich stecken da die Russen dahinter.«

Jetzt schaue ich Helena an, die mit dem Persianerhütchen auf dem schwarzen Haar und dem falschen Nerz tatsächlich aussieht wie eine Urenkelin von Marie oder Lou, und denke dankbar an jenes Land, das einst mit nur wenigen Jahren Unterschied meine beiden liebsten und klügsten Frauen hervorbrachte. Und daß mir Helena sehr teuer ist, auch wenn mir keine Zeit mehr bleiben wird, mich in sie zu verlieben.

Wir setzen uns an den Rand der Eisbahn, trinken heißen Punsch aus einem Papierbecher, und Helena fragt: »Weißt du noch, damals im Schlafwagen von Paris?«
Ich muß lächeln, hake meinen rechten kleinen Finger in ihren linken, etwas Punsch spritzt dabei aufs Eis und gefriert zu einem bräunlichen Fleck.
Als Helena und ich vor einem Jahr nach Paris fuhren, kannte ich Maries Grab noch nicht. Die kahlen Bäume der Boulevards und der Parkanlagen hingen voller roter und goldener Weihnachtskugeln, und zwischen den Tischen der Straßencafés standen riesige glühende Pilze. Helena und ich gingen zwei Tage lang durch Paris, ohne einen Bissen zu essen und überglücklich, weil die Stadt wie eine hellhäutige Prinzessin aus dem frostigen Winterlicht wuchs. Abends ging eine rote Sonne über den Tuilerien unter, und Helena sagte: »Wahrscheinlich denken in so einem Moment alle Menschen in Paris ans Küssen.« Wir spazierten der Seine entlang zum Hôtel de Ville, das war königsblau beleuchtet, davor kreiselten altmodische, mit Glimmer und Kunstschnee überzuckerte Karussells, ungeschmückte grüne Tannen standen dazwischen, und mitten in diesem Märchentreiben lag eine Eisbahn. Helena mietete sich Schlittschuhe, mischte sich unter die Läufer, die sicher und graziös wie Dämmervögel durch das blaue Licht schnellten. Ich kaufte in Schokoladenglasur

getauchte Äpfel, gebrannte Mandeln und rote Erdbeeren aus Zucker und bewunderte meine Freundin, die plötzlich mitten auf der Eisfläche stand, rücklings die Kufe ihres rechten Schuhs mit beiden Händen packte, das ganze Bein bis über den Kopf hochzog und Pirouetten drehte. Junge Männer sanken um sie in die Knie, einer von ihnen rutschte so nah an ihre kreisende Kufe heran, bis ihm der Eisregen ins Gesicht spritzte, und noch näher. Da traf sie ihn, seine Lippe zerfetzte, Blut, Hautstücke und warme Zahnsplitter klebten sofort auf der Eisbahn fest, der Mann lachte und schrie: »Bon Dieu, que je suis heureux!« Ich eilte zu Helena, die sich zu Tode erschrokken an der Abschrankung festklammerte, und tröstete sie mit Süßigkeiten.
Wir kehrten still an den Boulevard Haussmann zurück, zu unserem Hotelzimmer mit den vergilbten hellblauen Stofftapeten, und lasen einander vor dem Schlafen die Szene aus »Felix Krull« vor, wo sich in einem Hotel wie dem unsrigen ein mageres englisches Zicklein mit spitzen, nackten Schülterchen in Felix Krull verliebt. In der nächsten Nacht lagen wir im Schlafwagen, ich sagte: »Wenn ich nicht so dumm wäre, Clemens zu lieben, so hätt ich mich gestern wie wahnsinnig in dich verliebt.« »Wär doch schön«, sagte Helena, wir hakten von Bett zu Bett unsere kleinen Finger ineinander und schliefen bis zum nächsten Morgen.

Unsere Punschbecher sind leer, wir holen die Stiefel aus dem Spind, geben die Schlittschuhe zurück und fahren mit der Straßenbahn in die Stadt. Dort gehen wir in unser Lieblingscafé und essen so lange in buntes Glanzpapier gewickelte Schokoladentäfelchen und Torten, bis sich unsere Bäuche sanft zu wölben anfangen und wir träge werden.

»Komm, jetzt nehmen wir ein Bad bei mir«, sagt Helena, ich schaue sie fragend an, doch sie ist schon aufgestanden und renkt sich fast die Arme aus, weil sie so ungeduldig in ihren falschen Pelz schlüpfen will. Ich hinterlasse der Kellnerin das Geld, gehe ruhig und ein bißchen lauernd hinter Helena zum Ausgang, draußen sprüht uns die Bise in winzige, scharfe Stücke zerstobenen Schnee ins Gesicht, und als wir in die nächste Straßenbahn steigen, haben wir beide die gleichen roten Gesichter.

Zu Hause läßt Helena Wasser in die Wanne fließen, schält sich so beiläufig aus ihren schwarzen Kleiderschichten, als wären wir nur gerade wieder einmal in einem gemeinsamen Hotelzimmer, und löscht das Licht im Bad. Der Heizstrahler färbt die Kacheln orange, Helena verkriecht sich bereits unter der Schaumdecke, ich steige zu ihr, wir sortieren säuberlich unsere Beine und Leiber in der großen Wanne und spielen mit kleinen, rosig schillernden Fischen. Gibt man ihnen einen Stoß, so werden sie zu Wasserpfeilen, und so beginnt mein Fischschwarm, an

der weißen Helena zu picken und zu knabbern. Sie lacht und wehrt sich ein bißchen, und bald sind es nicht mehr nur die Fische, die angreifen.
Als wir voller Verlangen aus der Wanne steigen, weil man unter Wasser nichts voneinander richtig zu fassen kriegt, stellt Helena Kerzen vor den Perlenvorhang zu ihrem Schlafzimmer, die Lichtflammen brechen sich in den farbigen Prismen, und im Zimmer sieht es aus wie in einer orientalischen Laterne. In die legen wir uns hinein, Helena schickt sich an, meinen Körper von seiner Mitte her auseinanderzuspreizen wie ein Metzgergeselle, der eine Kuhhälfte auseinanderreißt, und sagt: »Wie wenig du in diese Zeit gehörst.«
Ich muß daran denken, wie mir meine erste Liebe in Wien Ähnliches sagte, wie sie mich am Morgen, wenn ich noch schlief, mit einem Bild von Schiele verglich, einem grünen Mädchen mit roten Haaren und einer roten Nase. Und ich weiß noch, wie gut es war, an einem solchen Morgen zu erwachen, warmgehalten und vor mir ein Mansardenfenster, durch das immer nur die Sonne schien. »Was wünschst du dir?« pflegte meine erste Liebe dann zu fragen, und wir träumten davon, zusammen und für immer in dieser Mansarde hoch über dem Alsergund zu leben. Die nahe Strudlhofstiege wäre unsere Terrasse, der Trafikant in der Porzellangasse würde uns übers Wochenende die teuren Hochglanzmagazine ausleihen,

die wir nicht bezahlen könnten, weil unser junges Leben zwar erfüllt wäre wie das von de Beauvoir und Sartre, aber genauso einfach. Ich besäße ein einziges grünes Kleid mit einem langen Saum, der endete je nach Jahreszeit bei den Knöcheln oder über den Knien. Von den langen Spaziergängen in den Prater-auen, die wir unternehmen müßten, um unsere hungrigen Bäuche zu vergessen, wären meine Knöchel im Sommer voller braunem Staub, und im Winter müßte ich in einem gutgeheizten Kaffeehaus heimlich aus den durchnäßten Schuhen schlüpfen, die Beine auf den Sitz ziehen und den nassen Rocksaum zum Trocknen über den Sitzrand hängen lassen. So wäre unser Leben geworden, und es wäre gewiß kein schlechtes gewesen.
Doch jetzt ist alles anders, und die Hochglanzmagazine können alle nicht mehr sein ohne meine kleinen Geschichten, und ich werde nicht arm sterben. Und wie ich so bei Helena liege, stellen wir uns vor, wie man uns selbst zusammen auf einem der vielen bunten Magazinbildchen sieht. »Apartes Paar«, stände dazugeschrieben: »Zur diesjährigen Filmförderpreisverleihung der aristokratischen Cinéasten erschien Lou K. mit der hinreißenden Helena S. Entgegen allen Vorhersagen von seiten der Mailänder und Pariser Haute Couture traten die beiden als Bohémienne-Paar im Stil der dreißiger Jahre auf. Lou K. trug einen Nadelstreifenanzug mit Taillengurt aus

dem Fundus von Marlene Dietrich, der in einem kühnen Kontrast zu ihrer Hochsteckfrisur im Empire-Look stand, Helena S. dagegen war in ein oben eng anliegendes schwarzes Seidenkleid mit ausgestelltem Rock gegossen.«

Wir liegen eine Weile still nebeneinander, ich denke, daß der Morgen in wenigen Stunden heraufziehen wird und daß ich Helena bis dahin gerne mehr gewesen wäre als nur eine gute Liebhaberin.

»Weißt du, wie sehr ich dich und Clemens immer umeinander beneidet habe?« fragt Helena in diesem Moment, »Wie gerne möchte ich euren Wahnsinn auch erleben.«

»Dann laß uns anfangen«, sage ich.

Zum Schluß dann endlich der Liebestod

Früh krieche ich aus Helenas Kissen, schleiche mich unbemerkt aus ihrer Wohnung und gehe zum nahen Friedhof. Er ist der schönste Friedhof weit und breit, und ich habe ihn in den letzten Jahren geliebt, wie ich sonst nur Clemens und meine Großmutter geliebt habe. Ich verabschiede mich von den zerfallenden Engeln, von all den Familien, die hier so friedlich in prächtigen Säulengärten beieinanderliegen, und von den großen Bäumen, die aus seit hundert Jahren blankliegenden Brustkörben und Schädelhöhlen herauswachsen.
Marie geht neben mir her, sagt mir, daß ich das Richtige tun will und daß ein junger Tod das beste ist. »Du bist schließlich noch in dem Alter, da Sterben etwas Berauschendes hat«, sagt sie und richtet sich die weißen Rüschen um ihr vernarbtes Décolleté. »Es kommt dir vor, als liebte niemand alles so wie du. Du möchtest alles sehen, alles haben, mit allem verschmelzen und in Ekstase sterben.«
Dann ist Marie verschwunden. Ich möchte Michael

an meine Seite rufen, ihm sagen, daß ich ihn sehr zu lieben angefangen habe, aber daß ich nicht weiß, ob mein kleines Leben mehr als eine große Liebe tragen kann, daß ich auch nicht zu Werken fähig bin, weil ich bei all meinen Träumen gewiß nur so ein bescheidenes Nelkengewächs bin, wie es meine Großmutter gerne sein wollte und wie es sich Paula auf ihr Worpsweder Grab wünschte. Vor allem aber möchte ich doch allzu gerne noch jung sterben.
Zu Hause lege ich mich aufs Bett und denke, wie Clemens mir von Anfang an alles war. »Lou, Lou«, hängt mir seine Stimme noch immer im Ohr, so tief und traurig wie Rauch aus einem Winterkamin. »Ma chère aimée« steht es noch immer mit einem kleinen Goldrascheln auf Papieren geschrieben, die ich schon um mein Bett gestreut habe und die nicht so schnell verbleichen wollen wie mein Leben. Und die winzige Blutkruste, die ich in einem Medaillon mit mir trage, hat immer noch die Farbe frischer Erde in einem offenen Grab. Ich hab ihn immer noch so lieb, oh ja, so lieb.

Im Walde wiegt der Seidelbast
sich leise her und hin.
Seitdem du mich vergessen hast,
vergeß' ich, daß ich bin.

Ich weiß nicht, was mir hängt im Haar,
ob Schleh ob gelber Schuh.
Ich singe scheu und sonderbar
und hör' mir selber zu.

Seitdem du mich vergessen hast,
träum' ich so tief und schwer.
Im Walde wiegt der Seidelbast
sich leise hin und her.

Ich bin ein totes Mädchen, bald werd ich ein getötetes sein, und das ist gut, und endlich hab ich eine Ruh. Zwar ist heut Mariä Empfängnis, und da empfängt die Jungfrau alle Toten und gibt ihnen Zuckerbrot zu essen und süße Milch zu trinken, bis sie im Himmel lustig springen und singen. Nur mir nicht. Mein Tod ist eine weite Schneelandschaft, drin ist ein Ritter, der steht fragend über drei Blutstropfen. Und dann erscheint ihm mein Gesicht, er reitet mir entgegen, und im Kuß lös ich mich auf und werde ewiger, strahlender Schnee.
Wie gut, wie gut, denn noch ertrinkt mein Schritt im eignen Blut, was macht mein Kind, was macht mein Reh, nun komm ich noch diesmal und dann nimmermehr. Und das Mädchen legte dem Teufel als Hochzeitsgeschenk beide Hände hin und ließ sie sich abhacken. Aber als es einsam aus seiner Ohnmacht im Brautgemach erwachte, stand in der Mitte ein bluti-

ges Becken, und darin lagen tote, zerhauene Menschen, daneben stand ein Holzblock, und ein blinkendes Beil lag darauf. Das Mädchen versteckte sich, und bald kam ihr Bräutigam nach Hause. Er brachte eine Jungfrau mitgeschleppt, war trunken und hörte nicht auf ihr Schreien und Jammern. Er gab ihr Wein zu trinken, drei Gläser voll, ein Glas Weißen, ein Glas Roten und ein Glas Gelben, davon zersprang ihr das Herz. Darauf riß er ihr die feinen Kleider ab, legte sie auf einen Tisch und zerhackte ihren schönen Leib in Stücke. Dann lachte der Teufel, schüttete einen Topf mit rauchendem Teer über die zerhackten Glieder, stellte Arme und Beine nebeneinander in eine Reihe, zündete ein kleines Schwefelhölzchen an und setzte damit all die Menschenfackeln in Brand.
In seinem Versteck glaubte das Mädchen, der Teufel würde eine ganze Reihe dicker Altarskerzen anzünden, wie sie zum Weihnachtsgottesdienst neben dem Christbaum die Kirche erhellten. Und vor sich sah es schon den Christbaum, tausend Lichter brannten auf den grünen Zweigen, und Kugeln hingen dazwischen, denen waren glänzende Sterne in die roten und blauen Leiber geschnitzt. Zuoberst strahlte ein großer Bethlehem-Stern aus goldgelbem Stroh, dem waren Haarsträhnen aller Jungfrauen aus dem Dorf in den Schweif geflochten, doch eine kleine Kerze leckte am Schweif, der Stern stürzte davon und zog einen langen Feuerstreifen durch die Höllennacht.

»Jetzt stirbt jemand!« flüsterte das Mädchen, denn ihre alte Großmutter, die einzige, die zu ihr gut gewesen war, aber jetzt unter der Erde ruhte, hatte gesagt: »Wenn ein Stern fällt, geht eine Seele hinauf zu Gott.«

»Großmutter!« rief das Mädchen, »oh, nimm mich mit! Ich weiß, du bist fort, wenn die Kerzen erlöschen, fort wie der große, gesegnete Weihnachtsbaum!« Und es streckte seine verstümmelten Arme aus, denn es wollte die Großmutter recht festhalten. Und die Großmutter stand plötzlich vor ihm und leuchtete mit einem Glanz, daß es klarer war als am hellen Tag. Sie hob das Mädchen auf ihren Arm, und zusammen flogen sie in Glanz und Freude, so hoch, so hoch.